哲食之道

食物與哲學

哲食之道

食物與哲學

劉彥方

OXFORD
UNIVERSITY PRESS

OXFORD
UNIVERSITY PRESS

Oxford University Press is a department of the University of Oxford.
It furthers the University's objective of excellence in research, scholarship,
and education by publishing worldwide. Oxford is a registered trade mark of
Oxford University Press in the UK and in certain other countries

Published in Hong Kong by
Oxford University Press (China) Limited
39th Floor, One Kowloon, 1 Wang Yuen Street, Kowloon Bay,
Hong Kong

哲食之道
食物與哲學

劉彥方

ISBN: 978-988-874794-8

This impression: I

目錄

哲食之道

哲食之道

序

節食，很多人都試過。「哲食」，你試過沒有？

本書提倡「哲食」，意思是指經過哲學反省的飲食行為和生活態度。不過，日常飲食主要是為了生存和享受，怎會與抽象的哲學扯上關係？

本書希望指出，進食並非純粹是消化食物和吸收營養的生理過程。我們吃什麼，怎樣吃，和誰一起吃，花多少時間和金錢來吃，均反映了我們的思維、人生態度和價值觀。哲食，可以幫助我們認識自己。

食物牽涉經濟、政治、環境和科技。在現代社會，我們通常只接觸到食物製成品，對食物背後的社會現象認識有限。事實上，我們的飲食行為，往往在不知不覺中受文化，政治和商業利益所影響。哲食，是為了明白真相，重新認識世界。通過認知和批判，我們會發現很多看來理所當然的東西，不一定正確。這樣我們才能主宰自己的健康和生命，從而改變社會。

很多人覺得哲學深奧難明，玄之又玄。許多哲學討論確實如此。本書希望帶出一個訊息，便是哲學問題也可以易明和有趣，而且與日常生活息息相關。當然，這些問題

討論下去，可能涉及抽象及複雜的分析，但人世間的學問本是如此，哲學又豈能例外？很多人對哲學嗤之以鼻，認為現實是殘酷的，還是賺錢最實際。這個我可以理解，但我們也應該希望下一代，不是只能夠低頭勞役，而是有機會仰望星空。哲學的反省和洞見，幫助我們以不同角度察看世情，探究自己和社會的不足。一個可以容納以至擁抱哲學反思的社會，才是一個有希望的社會。

長久以來，不少哲學和文化思潮，把靈魂和肉體分割成對立的東西。思考隸屬尊貴的靈魂，擁有較高的價值。飲食則屬於低下的肉體，是探索真理的負累。本書提倡的「哲食」，反對這種對立。飲食是美好生活的一部分，也是改變世界的途徑。經過哲學重塑的飲食行為，能與追求真善美相輔相成，並無衝突。進一步來說，哲食只是哲學回歸生活的一個起點。學院內的哲學博大精深，並非全是無的放矢。日常生活的點點滴滴，皆可作為哲學反思的對象。知行合一，造就哲道人生，可以從哲食開始。

劉彥方
2021年元旦

哲食之道

鳴謝

本書的構想，源於本人於香港大學任教的『食物與價值』通識課。我首先要感謝多年以來修讀這門課的學生以及負責導修課的各位助教。

我雖是饕餮之徒，但本書有不少題目並非我的學術專長。我衷心多謝以下朋友為書稿各部分提供寶貴意見：陳強立、陳成斌、陳倩儀、王邦華、何漢傑、王偉雄、劉克頑、陳祖為。另外也要特別多謝牛津大學出版社林道群先生的協助、謝冠東的細心校對，以及香港大學知識交流辦公室的支持。

因緣際會，我走上了哲學之路，這是我的福份。我很感激我的父母在我的成長階段對我完全放任，讓我摸索自己的道路，謹以此書獻給他們。

1

何謂哲學

兩種哲學

　　這本書主要討論食物哲學。食物相信不用多解釋，但哲學又是什麼呢？

　　對很多人來說，哲學是指一些為人處世的原則，例如「世事無絕對」、「人不為己，天誅地滅」。另外也有人把哲學等同於一些獨特的個人見解。坊間有些書籍，比如是關於「愛情哲學」或「理財哲學」的書，大多屬於這一類。

　　不過，本書所探討的食物哲學，不是這個意思。本書的目的並非介紹飲食心得，又或傳授烹調秘技。我們將會討論的，是有關日常飲食生活的哲學問題。「哲學」在這裏是指一門學術科目。哲學作為一門學科，就如同物理學和社會學一樣，有其獨特的方法和內容。簡單來說，哲學主要是以批判思考(critical thinking)去深入處理一些根本的問題，尤其是一些不能透過科學方法來解決的問題。至於批判思考，則是運用邏輯和語理分析，幫助我們清晰而理性地思考。

　　當然，界定哲學的方法眾說紛紜，寫一本書也討論不完。哲學與科學的界線，也不一定清楚。很多時候，要認

識一門學科的最佳辦法，並非是為這門學科提出一個完美的定義，而是直接去了解這門學科的內容。要認識物理學，便應該從基本的物理學理論入手，而不是費所有精力去界定「物理現象」。同樣，要認識食物哲學，最好便是直接探討食物哲學中的不同課題，以批判思考反省我們的飲食習慣以及對食物的認知。我希望讀者能夠從本書的討論中體會到，日常生活其實牽涉很多重要和有趣的哲學問題。這些問題一點也不難明白，困難只是在於如何妥當地分析和解答這些問題，以及如何面對我們發現的真相。

哲學之用

如果你是一名醫生，相信沒有人會問你讀醫有什麼用處；但對於哲學有什麼功用，很多人都不無疑問。要回答這個問題，可以分兩方面：(1)認識和修讀哲學，對個人來說有什麼裨益？(2)哲學這門學科對社會有什麼貢獻？

先談讀哲學的好處。讀哲學的出路不一定是學術研究。哲學講求思考嚴謹、清晰、合理，這對不同領域的工作都很有幫助。美國前總統克林頓，以及很多英國政要和首相，都曾經在牛津大學修讀哲學。[1]武術宗師李小龍因為思考人生問題，而對哲學抱有濃厚興趣。李小龍在大學

---

1 其實牛津大學沒有單獨的哲學學士課程，修讀哲學必須同時選修其他學科，例如物理和哲學，而最受歡迎的配搭應該是哲學、政治和經濟。很多重要的哲學成果，都是來自哲學對其他學科所作出的分析和反省。我個人認為，有志研習哲學的學生，在學士階段除了修讀哲學，最好多學習其他學科的知識，這樣對訓練思考和增進學問會較有幫助。

時代選讀過一些哲學課，他始創的截拳道，也深受中國哲學所影響。PayPal是流行的網上付款平台，而這家公司的共同創辦人Peter Thiel，在美國史丹福大學裏也是讀哲學的。索羅斯（George Soros）是著名的金融大鱷和慈善家，曾經成功狙擊英鎊，擊敗英國政府。索羅斯的投資紀錄非比尋常，他管理的量子基金，能夠在二十五年內每年平均錄得35%的增長！[2] 索羅斯認為自己的投資策略，受他的老師即著名哲學家波普爾（Karl Popper）所啟發。總括而言，哲學能訓練思考，讓人以不同的角度探索問題，既能提升分析能力和創意，也可以增強我們的理解和表達能力。現代社會瞬息萬變，很多問題都不是單憑科學或專業知識便足以解決。哲學能夠改進思考和拓闊視野，是非常合適的裝備。請各位家長莫因子女選讀哲學課而擔憂。

以上推銷哲學的廣告材料，常見於各家大學哲學系的網頁。不過，改善思考不單是為了工作，更是為了深入認識自己和社會，好讓我們反省人生的意義和尋找自己的角色。很多人認為賺錢享樂才最實際，覺得討論人生的意義太無聊。可是，不少人營營役役堆積財富，到面對死亡之時，才發現自己失去了很多有價值的東西，追悔莫及。澳洲有一位護士負責照顧臨終病人，她說這些病人通常最後悔的是沒有追隨自己的理想，一生只為滿足別人的期望而活。[3] 希望這種悲劇不要發生在大家身上。哲學反省，也許

2　見Slater, Robert. (2009). *Soros: the world's most influential investor*. McGraw-Hill.

3　另一件最多人後悔的事，便是過於偏重工作。這位護士把所見所聞寫成一

可以幫助我們判斷什麼理想才是值得追求的。

　　思考人生雖是美事，但我們也別為涉獵過一點哲學而自滿，自以為高人一等。哲學界不乏喜愛鑽牛角尖、性格高傲但欠缺自知之明的人。假如對哲學有興趣，除了要多讀書和參與高質討論，更要留意自己在思考和性格上的盲點。仁勇兼備的豁達人生，不能單憑埋首哲學書而成就。更重要的是以哲學之道在人世間身體力行，點滴經營，不斷自我反省和改進。

　　哲學的影響不止於個人層面。哲學屬於文化的一部分，是社會的軟件，主宰我們的意識形態。我們不應低估哲學對社會的貢獻。美國麻省理工大學曾經以統計方法分析名人傳略，計算出歷史上最具影響力的人。排行榜十甲如下：[4]

1. 亞里斯多德（Aristotle）
2. 柏拉圖（Plato）
3. 耶穌（Jesus）
4. 蘇格拉底（Socrates）
5. 亞歷山大大帝（Alexander the Great）
6. 達文西（Leonardo Da Vinci）
7. 孔子
8. 凱撒大帝（Julius Caesar）

本書，有興趣的話不妨一讀：Ware, Bronnie. (2019). *The Top Five Regrets of the Dying*. Hay House Inc.

4　Yu, A. Z., et al. (2016). Pantheon 1.0, a manually verified dataset of globally famous biographies. *Scientific Data*, 3(1), 1–16.

哲食之道

9. 荷馬（Homer）

10. 畢達哥拉斯（Pythagoras）

　　畢達哥拉斯是古希臘的著名數學家，也是一名哲學家。耶穌是宗教人物，但也算是半個哲學家吧。如果把他們兩人合計為一名哲學家，排行榜頭十名便有五位哲學家。若你對這排行榜有異議，還有一個每年公布的「環球思潮領袖」排名可供參考。在2013年的排行榜，前十名內竟然有四位哲學家，排第二的是德國哲學和社會學家哈伯瑪斯（Habermas）。[5]

　　大家不必太認真看待這些排名，但它們多少也反映了哲學對社會和文化的貢獻。哲學看似抽象，但抽象的理念也可以造就社會改革。以民主和人權為例，這兩個概念引導了社會的發展。十七、十八世紀的歐洲哲學家批評專制，提倡理性、自由和平等，積極參與歐洲的啟蒙運動，促成了往後的法國大革命和美國獨立革命。其中盧梭（Rousseau）的「天賦人權」理念，和孟德斯鳩（Montesquieu）的「三權分立」理論，對國父孫中山先生的政治思想影響至深。

　　瑪莉‧沃斯通克拉夫特（Mary Wollstonecraft）是一位英國女作家、哲學家，以及女權主義者，與盧梭同期。盧梭雖然崇尚自由與平等，但他認為男女天生有別，女性被動而軟弱，應當順從男性。沃斯通克拉夫特對此不以為然。

5　檢自：http://www.globalinfluence.world/en/global-2013/。

在1792出版的《為女權辯護》一書中，沃斯通克拉夫特提倡男女平等，女性應該發揮理性，成為貢獻社會的良好公民。她認為要達到這些目的，女性必須接受教育，經濟和法律上獨立自主，以及擁有投票權和其他政治權利。

除了民主和人權理論，馬克思主義也是一套哲學思想。共產主義者把馬克思的理念應用於社會革命，改寫了近代歷史，但也造成了不少破壞。不過，馬克思主義強調階級矛盾，對資本主義作出了深刻的批判，是左翼思潮的中心思想，亦被應用到不同的學術領域。近年社會貧富懸殊日益嚴重，馬克思的理念正能用以分析這個問題，那絕非過時。

值得一提的是，馬克思反對資本主義，但被公認為「資本主義之父」的亞當·斯密（Adam Smith）剛好也是一名哲學家。斯密在1723年生於蘇格蘭，在大學講授邏輯和道德哲學。他在1773年出版《國富論》，開創了現代經濟學。斯密認為不受政府干預的自由市場，能更有效地促進社會的整體利益。商家和政客大都對此深表認同，本書稍後也會討論這個題目。生於劍橋的天才哲學家拉姆士（Frank Ramsey）對數學和經濟學也貢獻良多。很多經濟學的數學模型皆以概率和決策理論作為基礎，拉姆士對這些範疇的發展功不可沒。另外，拉姆士在1927年發表了一篇關於稅收的文章，已被引用超過數千次，至今還有經濟學家討論。經濟學有一條「拉姆士定價法」，便是以他為名。組合數學裏面，也有一條拉姆士定理。可惜拉姆士英年早

哲食之道

逝，享年僅26歲。據說他遺下的手稿有部分還未出版，內裏未知會否有尚待發現的創新理論？

　　哲學與經濟學扯上關係，我們不必驚訝。哲學家思考問題時經常挑戰常規，從不理會學術邊界，哲學因此孕育了不少嶄新的科學和學術領域。西方的科學，原本便稱為「自然哲學」(natural philosophy)。亞里斯多德除了討論哲學，還有研究天文、物理、化學、生物等範疇。中國的墨子對科學也素有研究。他在兩千多年前已發現光是直線行走的，也有討論凹凸鏡面不同的反射規律以及針孔成像等光學現象。

　　古往今來有不少哲學家對數學作出重大貢獻。畢達哥拉斯是哲學家和數學家，以他命名的畢氏三角形定理，是初中數學的必修內容。眾所周知，17世紀的法國哲學家笛卡兒(Descartes)曾經提出「我思故我在」這個想法。其實笛卡兒也是數學家和科學家，對解析幾何(analytic geometry)有很大貢獻。坊間流傳一個故事，說笛卡兒習慣睡到中午才起床。有一天他醒來躺在床上，看到天花板有一隻蒼蠅在爬行，啟發了他以數字來描述蒼蠅的軌跡，因而發明了座標幾何。這個故事應該並非真確，但笛卡兒的數學研究結合了幾何和代數兩大數學範疇，對數學和物理學的發展影響深遠。可惜他後來當了瑞典女王的私人導師，經常要大清早五時授課。結果笛卡兒受不了瑞典的寒冬，不出半年便病故了。

　　微積分對數學和科學十分重要，但到底是誰首先發明

微積分卻曾經引起激烈爭論。研究思想史的學者普遍認為微積分分別是英國物理學家牛頓（Newton）和德國哲學家萊布尼茨（Leibniz）獨立發明的。不過，萊布尼茨的符號系統比較嚴謹而且運算較為方便。微積分著名的「連鎖法則」（chain rule）正是他發現的，所以這條定律也稱為「萊布尼茨法則」。

邏輯和集合論可算是數學的基礎。哲學家對這兩門學科都貢獻良多。西方的邏輯學源於亞里斯多德的分析，到十九世紀末有突破性的發展。德國哲學家和邏輯家弗列格（Gottlob Frege）發明了一套嶄新的符號邏輯系統，嘗試用來建立算術的基礎。英國哲學家羅素（Bertrand Russell）同樣是近代數理邏輯的先驅。羅素也是一名反戰及反核的社會運動家，更曾獲諾貝爾文學獎。羅素於1919年出版的《數學哲學導論》，是一本言簡意賅的佳作，很適合初學者。這本書據說是他為反戰示威而坐牢時寫成的。羅素發現原來簡單的集合論含有矛盾，促成了不同集合論系統的誕生。邏輯與電腦的面世也息息相關，因為電腦內負責執行程式的中央處理器，正是由大量邏輯單元所組成。所以說得誇張一點：沒有哲學，便沒有邏輯；沒有邏輯，便沒有電腦和互聯網！

電腦科技的早期發展史有好些關鍵人物，與哲學和數理邏輯都大有關連。例如被譽為「資訊理論之父」的Claude Shannon，他在密西根大學上哲學課時認識了布林代數（Boolean algebra），從中領悟到如何以電子電路作出複雜

的符號邏輯運算，奠定了電腦設計的基礎。近年人工智能技術發展迅速，當中普遍採用的神經網絡（neural network）模型，最早是由Warren McCulloch和Walter Pitts提出。他們於1943年發表的文章，示範如何以邏輯單元模擬腦細胞網絡的運算功能。[6] 文末只列出三項參考文獻，其中兩項都是哲學著作，包括了羅素與Whitehead合寫的邏輯巨著*Principia Mathematica*。 Pitts與拉姆士同是曠世奇才。據Pitts的好友Jerry Lettvin所説，Pitts曾經寫信給羅素指出*Principia Mathematica*中的錯誤，羅素甚為欣賞，邀請他到劍橋當研究生。不過那時Pitts只有十二歲，所以未有成行。Pitts有一段時間在麻省理工大學與另一位天才Nobert Wiener合作。Wiener十四歲大學畢業，主修數學，之後轉入哲學系研究數理邏輯。Wiener曾經在哈佛大學哲學系任教，後來成為麻省理工大學數學系教授。Wiener的學術貢獻範圍非常廣泛，他也創立了「控制論」（cybernetics）這一門學科，專研人腦與機器如何運用訊息操控行為。

　　哲學家強調邏輯，這亦改變了現代教育的面貌。我們常掛在口邊的「批判思考」，很大程度是來自美國哲學及教育家杜威（Dewey）所提倡的思考方法。杜威認為教育的主要任務並非灌輸知識，而是發展學生的潛能，培養好奇心，以及訓練獨立的理性思考和反省能力。杜威也是胡適留學美國時的老師。胡適後來邀請杜威到北京講學。當時

6　McCulloch, W. S., & Pitts, W. (1943). A logical calculus of the ideas immanent in nervous activity. *The Bulletin of Mathematical Biophysics*, 5(4), 115–133.

正值五四運動，杜威夫婦為了觀察事態發展，在中國逗留了兩年。期間杜威四處講學，宣揚科學和民主，提倡教育改革，在中國產生了不少迴響。

哲學已死？

有些人可能認為，以上與哲學有關的貢獻，都已是陳年舊事，明日黃花。哲學在當今社會，已經喪失了影響力。這個印象，可能和近年哲學研究轉趨專業化有關。哲學內容包羅萬有，但正如其他學科一樣，學院內的研究可以十分細微和狹窄。對於不少專門的哲學研究，行內其他哲學家尚且未必明白，更莫說是普羅大眾。不過，我們不可因此斷言這些研究沒有價值。有價值的知識，並非只限於所有人都能明白的洞見。就我自己所認識的來說，近年語言學、認知科學和大腦神經科學發展迅速，讓我們更深入理解各種心理現象。哲學家積極參與這些學科的討論，功勞不可抹煞。[7] 當然，這裏也涉及哲學的公關問題，但願關心哲學的人，能夠在公共媒體推廣哲學的正確形象。

我對現代哲學的評價，很多人未必認同。著名物理學家霍金(Stephen Hawking)便宣稱「哲學已死」，因為他認

7　哲學家的研究對其他學科有沒有影響力，也可以通過數據判斷。例如有統計發現，科學哲學的期刊文章被引用時，有一半是來自哲學界的討論，但有28.8%是來其他自人文和社會學科，另外有21.3%則是來自工程以及自然科學等STEM 學科。詳見 Khelfaoui, M., Gingras, Y., Lemoine, M., & Pradeu, T. (2021). The visibility of philosophy of science in the sciences, 1980–2018. *Synthese*, 1–31.

哲食之道

為當代的物理學已經超越和取代了哲學。[8] 不過，就算哲學未能為尖端的物理學作出貢獻，也不一定是壞事。一門從哲學衍生的學科成功地發展出獨立的方法和路向，只代表哲學的其中一項主要任務已經完結。這並非哲學的失敗。歷史上很多學科都曾是哲學的一部分，成熟後慢慢脫離哲學。你可以說哲學家是最偉大的，因為哲學家的目的，是要令自己失業。

科學發展雖然一日千里，但現在還未能解釋宇宙間的所有現象。斷言哲學今後再不能有任何建樹，未免短視和膚淺。科學家不一定要認識哲學，但哲學反省也許能在意想不到的情況下推動科學發展。歷史告訴我們，科學的演進過程並非每天把新知識加疊在舊知識上。有時候，一場科學革命可以把舊有的典範全面顛覆，開創全新的進路。牛頓的力學推翻了古希臘的傳統物理學，愛因斯坦的相對論則推翻了牛頓的理論。哲學是分析和批判的利器，在關鍵時刻或能發揮獨特的功能。

愛因斯坦的相對論，改變了現代物理學和我們對宇宙的認識。$E = mc^2$ 更可能是最廣為人知的物理學方程式。相對論的應用範圍非常廣泛，現代社會不可或缺的GPS定位系統，也需要運用相對論。只是，愛因斯坦為何能夠創立相對論？愛因斯坦憶述自己的思路歷程時說，他在1905年發表的狹義相對論，構思的關鍵在於放棄「同時」的絕對性，也就是說兩件事件是否在同一時間發生並沒有客觀的

8　Hawking, S. (2010). *The Grand Design*. Bantam Books.

單一答案，而是相對於不同的座標。愛因斯坦認為他這個違反常理的念頭，是受到18世紀哲學家休謨（David Hume, 1711–1776）和奧地利哲學與物理學家 Ernst Mach（1838–1916）所啟發，其中受休謨的影響尤深。[9]

愛因斯坦雖然是物理學家，但卻讀過很多哲學名著。至於哲學為何能啟發物理學家，愛因斯坦曾經這樣解釋：

> 我覺得今天有很多人 —— 甚至專業科學家 —— 都像一個見過數千棵樹，但從來沒有見過森林的人。歷史和哲學的背景知識，能助人擺脫大多數同一代科學家所犯的偏見。哲學洞察力所帶來的自主性 —— 我認為 —— 可以用來區別一個人到底純粹是一個工匠或專家，還是一個真正的真理探求者。[10]

專業訓練是社會分工合作的自然現象，但也可以令我們的視野變得狹窄。多接觸哲學，有助我們加強獨立思考，打破常規。哲學家尼采曾經形容自己為炸藥，威脅和挑戰世間一切事物。哲學的批判精神，有時看似很負面，但我們千萬別低估哲學破舊立新的創造力。美國有一位韓裔名廚David Chang，擅長烹調新派的亞洲風格美食。他說

9　Norton, John D. (2009). How Hume and Mach helped Einstein find special relativity. 收錄於 Michael Friedman, Mary Domski & Michael Dickson (eds.) *Discourse on a New Method: Reinvigorating the Marriage of History and Philosophy of Science* (pp. 359–386). Open Court.

10　愛因斯坦1944年12月7日寫給 Robert Thornton 的信。耶路撒冷希伯來大學愛因斯坦檔案館，文獻編號61–574。

他不斷鑽研新菜式，當中有一些重要的體會，正是受到他上大學時的一門進階邏輯課所啟發。

　　未來往往難以預測，我們很難預計哲學對社會的影響力會否逐漸消退。不過，整個大千世界，皆是哲學反思和重塑的對象。我個人認為，動物權益可能是改變未來社會的一個重要哲學理念。當然，愛護動物的素食者，自古皆有。不過，維護動物權益作為一場世界性的大型社會運動，則是近數十年才成形。澳洲哲學家辛格（Peter Singer）是這場運動的主要領袖之一。他在1975年出版的《動物解放》一書指出，動物與人類一樣能夠思考和感受痛苦。我們把動物當作食物，忽略牠們的利益，是歧視的行為。這本書在西方社會產生重大迴響，不少人開始正視這個課題。維護動物權益現在已是一場不斷壯大的社會運動。這項發展對人類社會和飲食文化將帶來什麼影響，大家且拭目以待。

討論

　　本書每一章章末都會列出相關的問題，給大家討論。這些問題未必有標準答案，但可以視作思考方法的練習。

1. 有人說「哲學便是思考」，你認同嗎？思考有什麼例子？是否所有的思考都是哲學？另外也有人說「哲學是關於思考的思考」（Philosophy is thinking about thinking）。這又是否正確？

2. 「世事無絕對，所有事情都有例外」這句說話有什麼

問題？(這個句子本身有沒有例外？)

3. 本章起首說「食物相信不用多解釋」，你同意嗎？請你為「食物」下一個定義。根據你的定義，酒、水、空氣、維他命丸是不是食物？沒有營養的垃圾食物又如何？

4. 你是否同意哲學和科學沒有清楚的分界？為什麼？

2

為何吃肉

很多人無肉不歡，每餐都要吃肉。已故食評家Anthony Bourdain甚至認為，如果不能吃肉，倒不如死掉好過。[1] 但到底肉食有什麼理據支持？我們宰殺和吃掉動物，是否合乎道德？[2]

大家對這個問題可能持有強烈的意見。不過，如果我們要改進思考，便要避免任由情緒主導結論。這並不代表理性思考不用考慮情緒，但我們應該盡量保持開放和客觀的態度，耐心理解和分析不同立場背後的理據。

有人認為，這個世界戰亂和災禍頻仍，我們的首要任務是幫助人類，而非維護動物權益，否則便是輕重不分。這些人是否真的關心人間疾苦，身體力行，我們不得而知。不過，就算保障人權是當務之急，亦不代表我們可以漠視動物本身的利益。關心人類福祉，與關心動物並無衝突。當然，如何分配有限的資源是個問題，但就算只是關心人類而不關心動物，也同樣要面對這個問題。況且現代

1　原文：＂To me, life without veal stock, pork fat, sausage, organ meat, demi-glace, or even stinky cheese is a life not worth living.＂ 摘自Bourdain, A. (2000). *Kitchen Confidential: Adventures in the Culinary Underbelly* (p. 78). Bloomsbury Publishing.

2　人類當然也是動物，「動物」在這裏是指非人類的動物。

社會很多人高舉人權和平等，但未必深究箇中的道理。討論動物權益正好幫助我們反省權利的基礎和生命的價值。

味道與道德

我問過很多人為什麼認為吃肉合乎道德，最常見的答案是：因為肉太美味了！不過，我們要把以下兩個問題分開：

1. 為什麼我們喜歡吃肉？
2. 有什麼理由證明吃肉在道德上是正確的行為？

我們不要混淆這兩個問題，因為用來解釋某行為的動機，不一定能夠證明該行為是對的。打劫的目的是求財，這個解釋令我們明白劫匪的動機，但卻不代表搶劫沒有錯。同樣，肉的味道可以解釋為何人們愛吃肉，卻不能證明吃肉是對的。在2001年，德國人Armin Meiwes把網友殺死吃掉。他說人肉十分可口，像比較濃味的豬肉。雖然人肉可能真的很美味，但吃人不會因此變成正確的行為。況且，有很多喜歡吃肉的人，也反對吃貓、狗、海豚、猴子等動物，儘管牠們的肉可能更美味。事實上，很多平價食肆煮出來的肉味如嚼蠟，難道吃這些肉便是錯的？可想而知，肉是否好吃，與吃肉是否正確根本沒有關係。

不過，吃肉在原則上不一定錯，這點應該沒有太大爭議。如果有一隻野豬遭森林大火燒死，我們把死豬吃掉，何錯之有？另外，有不少公司現正研究在實驗室培植動物細胞，製造培養肉。雖然這項技術尚未成熟，成本過於昂

貴，但我們藉此便可以吃肉而不殺生。只要製造過程不會破壞環境和令動物受苦，吃這些培養肉理應合乎道德。

肉的代價

可惜的是，培養肉尚未流行。人類每年吃掉逾六百億隻雞，數十億隻豬牛羊，至於海洋生物更是不計其數。[3]動物並非沒有意識的物體，牠們受到傷害時會感到痛楚和恐懼。現代都市人對畜牧業的實況不甚了了，只求價廉物美。問題是，為了降低成本和滿足龐大而且不斷增加的需求，現代畜牧業採用了工業化的養殖模式，令動物在成長和屠宰的過程中飽受痛苦。互聯網有很多這方面的資料，我們稍加留意便能認清真相。[4]茲舉數例：

* 乳牛的生活環境骯髒而潮濕。牠們長時間站立擠奶，四腿容易發炎和潰爛。英格蘭和威爾斯的農場有大概三成的乳牛有跛足。[5]

* 很多品種的牛都會長角。農場為了安全，通常會去除牛角，例如是趁牛尚是年幼，用高熱金屬棒把角從根部鑱起。農場為求方便和減低成本，未必會為牛隻進行麻醉，但牛角連接着許多血管和神經細胞，所以這

3　檢自：https://ourworldindata.org/meat-production
4　例如2018年發行的紀錄片《統治》（*Dominion*），便揭露了現代農場和屠宰場的實況，可以免費觀看：https://www.dominionmovement.com
5　Griffiths, B. E., Dai White, G., & Oikonomou, G. (2018). A cross-sectional study into the prevalence of dairy cattle lameness and associated herd-level risk factors in England and Wales. *Frontiers in Veterinary Science*, 5, 65.

是極其痛苦的。另外，多數農場也會閹割公牛和給牛烙印，而且往往沒有使用麻醉藥。近年多了農場改用液態氮來烙印，比用燒紅的烙鐵較為人道，但也不是沒有痛楚。

- 食用雞和生蛋的雞屬於不同品種。繁殖後者時總會生出很多不會下蛋的雄性小雞。牠們沒有商業價值，出生後便會被窒息致死，又或活生生的放進高速絞碎機變為肉醬。全球每年殺死的小公雞可能高達七十億隻。有科學家希望以新技術分辨雞蛋內的胚胎性別，從而避免屠殺小雞。

- 大型雞場多數非常擠迫和骯髒，雞隻容易變得暴躁而互相襲擊。為免雞隻受傷影響售價，雞場會以熱刀片切除部分雞喙，但雞喙裏有很多神經細胞，修喙的過程也不會使用麻醉藥。還有，農場偏好飼養快速長肉的品種，但這些雞的骨骼根本不能支撐其龐大的身軀，所以會造成很多疾病。以丹麥為例，雞場環境雖然不斷改善，但雞場內依然有超過七成雞隻行動困難。[6]

- 鴨的遭遇與雞不相伯仲，但野生鴨子通常長時間在水池漂浮，牠們的骨骼本來並不需要長期承受身體的重量。不幸的是，大型鴨場經常把鴨子關在室內。鴨子

6　Tahamtani, F. M., Hinrichsen, L. K., & Riber, A. B. (2018). Welfare assessment of conventional and organic broilers in Denmark, with emphasis on leg health. *Veterinary Record*, 183(6), 192.

哲食之道

長期站立在骯髒的硬地上，很容易生病，也會造成骨骼畸形和骨折等問題。只是，大型動物農場為了節省成本，未必會特別照顧患病的動物。

* 豬是很聰明的動物，活潑而好奇，認知能力甚至可能比狗優勝。[7]不過，豬場經常不用麻醉劑便閹割公豬，以及用鉗子剪斷幼豬的牙齒和尾巴。懷孕的母豬受不住擠迫的環境而打架，容易受傷或流產，因此很多豬場會使用「母豬夾欄」（gestation crate）來囚禁牠們。這些金屬圍欄非常狹窄，母豬關在裏面動彈不得，非常苦悶和不舒服，甚至會發瘋而狂咬圍欄。英國、加拿大和瑞典是少數已經立法取締夾欄的國家。

* 動物在運送到屠房的旅程中，經常被擠在密不透風的環境，以及缺水缺糧，令動物受驚受苦，而屠宰過程更是慘不忍睹。很多屠場會用電擊令動物昏迷或即時死亡，但電擊失效的情況很普遍，不少動物被宰割或放進沸水時依然是清醒的。另外，農場和屠房的員工良莠不齊，工作壓力大，是以虐打動物的情況也屢見不鮮。

* 猶太教和回教有特定的屠宰方法，屠夫必須一刀割斷喉管。猶太教要求動物被宰殺時是清醒的，回教則容許動物事先被昏迷，但並非必要。可悲的是，動物在

7　Marino, L., & Colvin, C. M. (2015). Thinking pigs: a comparative review of cognition, emotion, and personality in sus domesticus. *International Journal of Comparative Psychology*, 28(1).

清醒狀況下被割喉未必會立刻死去。牛割喉後可能要20秒以至數分鐘才昏迷和死亡。[8] 這種奄奄一息的苦況，實在難以想像。很多國家因此立例禁止這類屠宰方法，但卻引來打壓宗教自由的非議。

誠然，並非所有農場和屠房都出現上述的慘況，畜牧業也不乏對動物有愛心的人。只是，畜牧業必須工業化才能滿足全球對廉價肉類的需求。隨之而來的結果，便是大量動物被殺害和受虐待。任何人只要稍有惻隱之心都難免為此感到難過。我們又有什麼好的理由去維持現有制度，為了滿足口腹之慾而繼續製造痛苦？

有一個常見的回應是，如果為了避免殺生和製造痛苦而不吃肉，我們就沒有東西可以吃了。茹素不是也要殺死植物嗎？沒錯，有些不吃肉的人確實相信殺死植物也是錯的。有所謂「果食者」（fruitarian）認為，我們只應吃水果和果仁，因為採摘這些食物時不用殺死整棵植物。不過，吃素的人不見得一定要做果食者。素食者可以認為，我們不應殺害動物，並非因為動物有生命，而是牠們擁有意識，能感到痛苦和驚恐。動物的生理結構和行為與人類有很多共通之處，牠們受傷時會逃避、反抗、哀鳴。這是牠們能夠感到痛苦的有力證據。所以，只吃植物而不吃肉，並非自相矛盾。

8　Gregory, N. G., Von Wenzlawowicz, M., Von Holleben, K., Fielding, H. R., Gibson, T. J., Mirabito, L., & Kolesar, R. (2012). Complications during shechita and halal slaughter without stunning in cattle. *Animal Welfare*, 21(S2), 81–86.

也許有人會追問：你怎知道植物沒有意識呢？有些植物受到傷害時，會分泌荷爾蒙和防禦劑。或許我們吃香蕉時，那條香蕉其實痛不欲生？如果真的有人這樣說，我們也可以反問：足球被踢時會否感到痛楚？我們也許無法百分百肯定香蕉和足球沒有意識，但我們的日常判斷，依靠的是或然率，而非無可置疑的絕對真理。我們會乘搭飛機出遊，是因為相信空難的機率很低；但人生無常，又有誰可以擔保不會機毀人亡？科學家的共識不一定正確，但往往比其他假設可靠。根據現有的科學分析，一種生物必須擁有複雜的神經系統或大腦才能具有意識和感覺。植物雖然結構複雜，以及會對環境作出反應，但卻沒有類似的神經系統。要質疑植物沒有意識這個結論，我們必須拿出有力的證據，而非純粹訴諸於邏輯上的可能性。[9]當然，哪些生物擁有意識，哪些沒有，中間未必界線分明，例如海膽和蜘蛛便可能比較難以判斷。不過，家禽牲畜擁有意識而植物沒有，我們暫時也沒有理由置疑。

宗教與飲食

很多人基於宗教理由贊同吃肉，例如他們相信動物是上帝賞賜給人類享用的。不過，社會上有不同宗教，也有很多人不是教徒，所以宗教並非法律和政府政策的恰當基礎。另外，宗教規條所言是一回事，這些規條是否合理又

9　有關植物是否擁有意識的進一步討論，可以參考這篇文章：Mallatt, J., Blatt, M. R., Draguhn, A., Robinson, D. G., & Taiz, L. (2021). Debunking a myth: plant consciousness. *Protoplasma*, 258(3), 459–476.

是另一回事。香港曾有教會鼓吹飲用雙氧水，認為能醫百病，結果卻令教徒健康受損。

宗教教義並非千古不變，更不應盲目接受。教義的詮釋可以隨着社會進步而修改。很多基督徒都不再相信宇宙是在六天內創造出來的。天主教教宗方濟各也宣稱進化論與天主教教義並無抵觸。新約聖經《提摩太前書》說女人不許管轄男人，「只要沉靜」(2:11–12)。《哥林多前書》也說：「婦女在會中要閉口不言，像在聖徒的眾教會一樣，因為不准他們說話。他們總要順服，正如律法所說的。」(14:34)現在開明的基督徒都不會因為這些經文而提倡男尊女卑。

就吃肉而言，根據舊約聖經，豬是不潔的動物，不應該吃(《申命記》14:8)。另外沒有鱗的水產也不能吃(《利未記》11:10)，所以這應該包括鮑魚、螃蟹、龍蝦、鰻魚、扇貝等海鮮。不過，很多教徒認為這些法規有時間和地區上的侷限性，不會嚴格跟從。所以，宗教規條是活的，並非一成不變。

有趣的是，舊約聖經記載人類最初在伊甸園還沒有犯罪的時候，和當時所有的動物一樣都是素食的：

神說：「看哪，我將遍地上一切結種子的菜蔬和一切樹上所結有核的果子，全賜給你們做食物。至於地上的走獸和空中的飛鳥，並各樣爬在地上有生命的物，我將青草賜給牠們做食物。」(《創世記》1:29–30)

如果所有人都是罪人，而伊甸園是最美好的無罪境況，那麼素食豈非更能接近上帝？很多信徒把聖經的《以賽亞書》解讀為預言。《以賽亞書》描述未來的美好新世界時，說人和動物將會和平共處，豺狼不會吃綿羊，獅子也吃草，「這一切都不傷人，不害物。」（11:9）所以要天國降臨地上，似乎也應該吃素。無論如何，聖經教導人要善待動物，例如《箴言》有謂：「義人關心家畜的性命，惡人的慈悲也是殘忍。」（12:10）聖方濟各（St. Francis of Assisi）是天主教的著名修士，非常關心窮人和動物。他曾說：「如果有人把上帝的創造物（包括動物）摒除在關愛及憐憫的庇護之外，那麼祂也會以同樣方式來對待他的同儕。」[10] 別忘記，大多數宗教都提倡愛、慈悲和公義，素食可說是彰顯了這些基本價值。所以就算你信奉的宗教容許吃肉，這也不代表你非吃不可。

　　有些人認為，無論禽畜是否上天賞賜的禮物，牠們是因為人類才存在，是我們的財產，所以我們有權吃掉牠們。這個論據有很多問題。第一，野生動物並非因為人類才存在，但我們照樣把牠們吃掉。第二，來自我們的生命不一定就是屬於我們的財產。你並非你父母的財產，更不是他們的食物。第三，就算動物是我們的財產，也不表示

10　很多人盛傳聖方濟各是一位素食者，但這好像與歷史記載不符。聖方濟各生活清苦，一生幫助病人和窮人，也愛護動物，不會刻意要吃肉，但別人給他吃，他也未必會拒絕。見 Grumett, D. (2007). Vegetarian or Franciscan? Flexible Dietary Choices Past and Present. *Journal for the Study of Religion, Nature & Culture*, 1(4), 450–467.

我們有權食用。很多國家都明文禁止宰食自己的貓狗。第四，動物有不同種類，到底哪些可以吃，哪些不應該吃？很多人認為吃穿山甲和果子狸等野味是野蠻的行為。日本有些沿海小鎮每年都會大舉狩獵海豚，引起眾怒。不過，如果吃烤乳豬沒有問題，為何不能吃紅燒穿山甲和海豚壽司？

我曾經聽過一個回應：如果不吃動物，不再繁殖牠們，牠們便會絕種。這恐怕是杞人憂天。人類的祖先離開非洲後往外遷徙，所到之處皆有大量動物被獵殺而滅絕。相反，據我所知，從來沒有動物因為不再成為人類的晚餐而變得瀕危。如果人類轉為吃素，牲畜家禽的數目當然會減少，但牠們仍可以在動物園、保護區和野外繁殖。

無論如何，縱使吃動物沒有錯，這也並不代表任何飼養和屠宰的方法都可以接受。贊成死刑，不等於同意五馬分屍，凌遲處死。吃肉的人，大多反對虐待動物。傳聞中有一個吃猴腦的料理方法，是在桌子中間開一個小洞，把活猴鎖在桌下只露出頭顱，然後劈開牠的頭蓋骨，拿起湯匙挖腦髓配佐料來吃。這道菜餚，相信就算合乎衛生和沒有違法，很多人都不願意吃。問題是，如果你同意不應該虐待動物，你又是否肯定現代畜牧業合乎人道標準？我們之前討論過，畜牧業為了提升產量和利潤，採用了密集飼養的營運模式，動物卻因此承受極大痛苦。就算吃肉本身沒有錯，我們現有的制度依然可以是違反道德的。

哲食之道

訴諸自然

很多人認為吃肉是正常現象，所以沒有錯。只是，「正常」是什麼意思？偷呃拐騙是錯的，但卻是常見的社會現象；天才必然是與眾不同，但這種不正常反而是件好事。

有類似的論據，訴諸「自然」這個概念：吃肉合乎自然，所以沒有違反道德。為什麼吃肉是自然的呢？一個解釋是人類自古以來便吃肉，吃肉是人類文化傳統的一部分。問題是，傳統不一定是好的。纏足曾經是中國的風俗，難道我們現在應該跟從嗎？

另外也有一些支持吃肉的論據，是基於對大自然的觀察。例如有意見認為人類擁有犬齒，代表人類應該吃肉。只是，「犬齒」不一定是用來吃肉的，也可以是用作攻擊，又或是用來夾住食物。大猩猩(gorilla)的主要糧食是植物，但犬齒卻比人類的長。河馬是草食動物，但牠們擁有最長的犬齒，長度可達一米！獅子、狼、貓等吃肉為主的肉食性動物，它們的犬齒通常較長和鋒利，下顎只可上下移動，胃的酸度較高，消化食道也較短，但人類倒沒有這些特徵。從生理結構來看，人類比較接近熊及豬，屬於吃植物與吃肉皆可的雜食性動物(omnivore)。

不過，無論人類的犬齒有什麼生理功能，我們都不應該純粹因為生理結構和進化歷史而限制自己的行為。擁有性器官，不代表一定要生孩子。婦女的最佳生育年齡據說大概是25歲，但現在30歲後才產子卻非常普遍。生理只是道德考慮的因素之一，沒有凌駕性。我們的腸胃雖然可

以消化肉類，但這並不表示我們必然要吃肉甚至吃大量的肉。

還有一種很普遍的「自然論」，認為「弱肉強食，適者生存」是大自然的規律。強壯的動物獵殺較弱的動物，是自然現象。人類處於食物鏈的頂端，宰吃其他動物也是理所當然的。不過，自然不代表正確。「弱肉強食」最多只是自然界的事實，而不是人類應該遵守的道德原則。適者生存的世界，是個充滿暴力的世界，沒有公義和同情心。文明的演進，正是要擺脫這種自然狀態。一個比較理想的社會，不會因為「適者生存」的緣故而遺棄鰥寡孤獨和弱勢社群。

有些人指出，「弱肉強食，適者生存」是指物種之間的競爭。人類同屬一個物種（species），應該彼此合作。人類是生物進化的勝利者，所以吃肉是天經地義的。這個思路有幾點值得質疑。首先，互相殺戮只應限於物種之間這個想法，並非科學事實，而是一種價值判斷。為何物種的界線這麼重要？如果較聰明的物種可以吃掉較不聰明的，為何成年人不可以吃小童，天才不可以吃庸才？

我們也應該質疑物種之間可以互相殺戮這個想法。人類屬於生物學上的智人（Homo Sapiens），但我們的遠古祖先曾經與尼安德特人（Neanderthal）同時在地球出現。有證據顯示，兩者雖然屬於不同的物種，但卻曾經雜交。到了今天，尼安德特人已經絕種，但大部分人身上還遺留着些許尼安德特人的基因。我們試想像一下，如果生物學家說

現在地球上的人其實是可以分為幾個不同的物種，我們是否應該因此開戰並且互相廝殺？

人類比動物聰明，因而可以吃動物這個論據還有其他後果。荷里活電影《猿人襲地球》講述猩猩因為基因特變而變得聰明，人類甚至成為牠們的奴隸。根據弱肉強食的邏輯，如果這群超級猩猩比人類優勝，那麼牠們把人類吃掉也是理所當然的了。大家也可以想一想，假設這個宇宙真的有外星人，而他們的智商也遠高於人類。這些外星人原本可以只吃石頭來維持生命，但他們認為人肉比較美味。在這個情況，我們是否應該乖乖投降，成為外星人的點心？

環境與健康

吃肉是否合乎自然，是比較抽象的討論。對普羅大眾來說，吃肉除了為滿足味蕾，也是為求健康。很多人深信吃肉才能攝取足夠的能量和營養。不少父母認為，兒童不吃肉會妨礙身體發展。有些人甚至相信不吃肉便不能生存。這些觀點是否正確？

首先，就算人類要吃肉才能生存，這並不足以證明吃肉是對的。假設你有心臟病急需移植心臟，而全世界只有我的心才合適，這並不表示你有權殺死我然後搶走我的器官。無論如何，不吃肉會死這個想法也根本沒有醫學證據支持。美國營養學會和加拿大營養師協會的共同官方聲明表示，規劃恰當的素食不但能夠提供足夠營養，還能降低

不少疾病的風險。[11]美國醫學會是美國最大的醫生組織。該學會也表示不吃肉也能攝取充足的營養。[12]世上茹素的人很多，也不見得他們特別短壽。

人類所需要的營養有兩大類：巨量營養素（macronutrients）和微量營養素（micronutrients）。前者包括碳水化合物、蛋白質和脂肪。不同種類的蔬果，肯定可以提供足夠的巨量營養素。白飯主要是碳水化合物，而牛油果則有很多脂肪，而且是對身體有益的脂肪。不過，有意見認為，如果素食者不吃魚，就較難吸取EPA和DHA這兩種重要的脂肪酸；但也有研究指出，素食者從其他食品（例如亞麻籽油和海藻）都可以攝取同樣水平的脂肪酸。至於蛋白質，很多人誤以為蔬菜沒有蛋白質，但其實就算是西蘭花、椰菜花、菠菜也有。果仁和豆科植物都富含蛋白質，而且相比紅肉更能降低心血管疾病風險。[13]蛋白質是由氨基酸（amino acids）所組成，而藜麥（quinoa）更集齊全數九種人類必需的氨基酸。

微量營養素包括維生素和礦物質，有助細胞和器官維持正常功能。顧名思義，微量營養素不用多，過量攝取反

---

11 American Dietetic Association. (2003). Position of the American Dietetic Association and Dietitians of Canada: Vegetarian diets. *Journal of the Academy of Nutrition and Dietetics*, 103(6), 748-756.

12 美國醫學會 2018年文件：Culturally Responsive Dietary and Nutritional Guidelines D–440.978。

13 Al-Shaar, L., Satija, A., Wang, D. D., Rimm, E. B., Smith-Warner, S. A., Stampfer, M. J., ... & Willett, W. C. (2020). Red meat intake and risk of coronary heart disease among US men: prospective cohort study. *BMJ*, 371:m4141.

哲食之道

而可能有害。素食能提供足夠的礦物質，不過份量則視乎個別食物而定，另外也可以服用補充劑。素食者要留意的，主要是維生素D，K_2和B_{12}。人體可以透過曬太陽製造維生素D，但慣常在室內工作的都市人，未必能夠攝取足夠的份量。脂肪比較高的魚含有維生素D，吃素的人不吃魚，可以考慮吃芝士和蛋黃。更嚴格的純素者（vegan）不吃蛋和乳類製品，他們大可選購添加了維生素D的豆奶、果汁和早餐穀物片，所以其實問題不大。

維生素K_2和B_{12}則主要來自肉類，但德國酸菜、韓國泡菜和日本納豆等發酵蔬菜也含有K_2。[14] 蔬果通常沒有B_{12}，但加添了B_{12}的素食品和補充劑十分普遍。整體而言，只要膳食計劃得宜，純素食者肯定能攝取足夠的維生素和礦物質。如果願意偶而吃些蛋或乳製品，便更沒有問題。

有些人擔心素食不能提供足夠的能量，容易變得四肢乏力。不過，這視乎你吃的是什麼蔬菜。素食有很多選擇，不是每餐只吃生菜，例如果仁和豆類食物便較為飽肚。均衡的素食，絕對可以提供每日所需的能量。很多傑出運動員都是素食者。Venus Williams是多屆網球女單大滿貫得主，她的妹妹Serena同樣是網球巨星，兩人的飲食皆以素食為主，只是間中吃少許雞或魚。我喜歡參加馬拉松和超馬比賽，我很敬仰的一位美國跑手Scott Jurek便是純素食者，曾經打破多項耐力賽紀錄。2015年，他花46天跑畢3500公里長的著名山徑Appalachian Trail，差不多等於連續

---

14 不過韓國泡菜通常會加入魚露和蝦醬，不適合嚴格的素食者。

一個半月每天跑兩個馬拉松。所以，誰說吃素沒有氣力？

其實，不少研究均發現素食者和多吃蔬菜的人通常比較健康。以下幾項大型醫學研究可供參考：

+ 中國研究（The China Study）：這是美國康奈爾大學、牛津大學、中國醫學科學院合作的研究，於1983–1990年間普查來自八十多個中國縣城的近一萬人。主要研究員康奈爾大學教授Colin Campbell在《中國研究》（*The China Study*）一書介紹研究結果時指出，肉類的蛋白質與心臟病和癌症有關連。這本書的觀點引起很大爭議，但也令很多讀者成為素食者。

+ 基督復臨安息日教會研究（Adventist Health Study）：這一系列的研究對象為近十萬名美國和加拿大的教徒，他們都信奉基督復臨安息日教（Seventh-day Adventist Church）。這個教派非常鼓勵素食和健康生活，近半教徒是以素食為主。多年來的數據顯示，素食者通常體重較為理想。飲食越是接近純素食的人，患上大腸癌、高血壓、心臟病、糖尿病和膽固醇過高的機率便越低。

+ European Prospective Investigation into Cancer and Nutrition (EPIC)：這項大型研究計劃，普查五十多萬名歐洲人，觀察他們十多年來的飲食習慣和身體狀況。數據顯示，素食者患上心臟病、癌症和其他慢性

哲食之道

疾病的風險較低。魚素者（pesco-vegetarians，即只吃素菜和魚類）也比吃肉的人健康。[15]

- US National Institutes of Health – AARP Diet and Health Study：研究分析四十多萬美國人的飲食習慣。根據 1995–2011 年的數據，降低食物中的動物蛋白質，以植物蛋白質替代，能夠減低心血管疾病死亡率，以及整體死亡率。[16]

飲食與健康的關係密切，但健康也受基因、生活習慣和環境影響。茹素不代表百毒不侵，吃肉也未必英年早逝。不過總體來說，多菜少肉能夠改善健康和預防疾病，似乎是事實。蔬果含有食物纖維、抗氧化和抗癌物質，亦可降低體內有害脂肪的比例。不單如此，有證據顯示多吃蔬果能改善心理健康！[17]

很多人無肉不歡，是飲食習慣使然。都市人的飲食模式傾向多吃脂肪、肉類和超加工食品（ultra-processed food）；少吃蔬果和穀類，這是非常不健康的。當社會經濟狀況改善，營養不良的情況會大幅減少，但隨之而來的便

15　Segovia-Siapco, G., & Sabaté, J. (2019). Health and sustainability outcomes of vegetarian dietary patterns: a revisit of the EPIC-Oxford and the Adventist Health Study–2 cohorts. *European Journal of Clinical Nutrition*, 72(1), 60-70.

16　Huang J., Liao L. M., Weinstein S. J., Sinha R., Graubard B. I., Albanes D. (2020). Association Between Plant and Animal Protein Intake and Overall and Cause-Specific Mortality. *JAMA Intern Med*, 180(9):1173–1184.

17　Głąbska, D., Guzek, D., Groele, B., & Gutkowska, K. (2020). Fruit and vegetable intake and mental health in adults: A systematic review. *Nutrients*, 12(1), 115.

是大腸癌、前列腺癌和糖尿病的病發率增加，這些趨勢和飲食習慣不無關係。

世界癌症研究基金會建議，每人每星期吃不超過五百克的紅肉，肉類製成品則應該盡量避免。[18] 五百克肉其實是多少？大概是一片牛排、一片豬排、兩條香腸和一份碎牛肉而已。很多人可能在一天裏就吃了這麼多的肉，莫說是一星期了。不少家長的觀念根深蒂固，認為小孩要多吃肉才會健康，間接養成他們嗜肉的習慣，以為每餐都吃肉是理所當然的。

對於嗜肉的人來說，素食是一項大挑戰。不過，為了自己和家人的健康，逐漸減少吃肉的份量，實在值得嘗試。如果難以適應，最初可定立較為保守的目標，例如一星期吃一頓素，然後每月或每年遞增，這辦法應該較為可行。

吃肉對人類健康也有其他負面影響。工廠式農場與動物的自然生長環境相差甚遠。動物欠缺空間，除了不快樂以外，也很容易受傷和感染疾病。一旦爆發大規模疫情，便隨時要屠殺數以百萬計的禽鳥牲畜，更有可能波及人類。人類的新興傳染病，有差不多八成是在人和動物之間互相傳播的。近年比較嚴重的例子包括瘋牛症、禽流感、豬流感、非典型肺炎（SARS）、伊波拉和2019冠狀病毒病。我們絕對不能輕視吃肉對公共衛生的影響。

畜牧業為了避免動物患病和刺激牠們快速生長，經常濫用抗生素。中國生產的抗生素有一半是用在動物身上，

18 紅肉是指任何哺乳類動物的肌肉，例如牛肉、豬肉和羊肉。

哲食之道

美國則多達八成。這些抗生素會殘留在動物的肉中，也會經污水、糞便或其他途徑進入生態環境。2014年科學家在中國多處的天然水源發現了至少68種抗生素和90種其他醫藥成份。有些抗生素被檢出的濃度，是發達國家的數倍，而主要污染來源相信是是養殖業，尤其是水產養殖。[19] 濫用抗生素會令細菌產生抗藥性，威脅人類健康。現在有些「超級惡菌」甚至對所有已知的抗生素都呈現抗藥性，一旦感染了便可能無藥可治。2013年的一項調查發現，美國超級市場售賣的雞肉差不多全都含有有害細菌，半數樣本更含有多過一種抗藥性細菌。[20] 病人在醫院感染抗藥性細菌致死的個案近年不斷上升，情況令人非常憂心。

　　然而，全球對肉類的需求還是持續上升，而且速度甚至高於人口增長。要滿足需求，唯有依賴密集的工業生產方法。動物受苦之餘，背後還有高昂的環境代價。畜牧業佔用地球約四分之一的土地，佔所有農地的七成。要牧養更多禽畜，便要砍伐大量樹林來開闢牧場或種植飼料的農田。亞馬遜雨林自七十年代起已經失去四分之一的面積，當中有九成用以發展畜牧業。雨林消失令氣候暖化問題惡化，開發農地也可能加劇表土流失和沙漠化等問題。

　　養殖場內的禽畜以及排泄物也會污染環境，以及帶來大量溫室氣體。牛隻打嗝和放屁會製造甲烷（CH_4，是沼氣

19　檢自：http://www.chinesetoday.com/big/article/876414
20　檢自：http://www.consumerreports.org/cro/magazine/2014/02/the-high-cost-of-cheap-chicken

的主要成份）。甲烷的吸熱能力高，其溫室效應約是二氧化碳（CO_2）的30倍！聯合國糧食及農業組織指出，畜牧業排放了全球接近15%的溫室氣體，比汽車、飛機和其他運輸工具的總排放量還要多。[21] 有牛津學者估計，人類如能根據國際健康指引多吃蔬果，少吃肉類，全球溫室氣體排放量可以降低三分之一。另外，疾病每年所導致的經濟損失和醫療開支也會降低一萬億美元。到2050年，每年更會有五百萬人因為改善了飲食習慣而避免提早死亡。[22] 我們少吃點肉，對自己和整個地球都有益處，大家何不一試？

討論

1. 以下的論據有沒有道理？為什麼？

   (i)動物不關心人類，所以人類也不用關心動物，可以把牠們吃掉。

   (ii)吃肉在道德上沒有錯，因為如果有錯，政府也不會批准。

   (iii)我們的身體可以消化動物的肉，所以吃肉是正確的。

   (iv)人吃動物沒錯，因為獅子老虎也會吃人。

   (v)人吃動物沒錯，因為獅子老虎也會吃其他動物。

---

21 Food and Agriculture Organization. (2013). *Tackling Climate Change Through Livestock*. 檢自：http://www.fao.org/docrep/018/i3437e/i3437e.pdf

22 Springmann, M., Godfray, H. C. J., Rayner, M., & Scarborough, P. (2016). Analysis and valuation of the health and climate change cobenefits of dietary change. *Proceedings of the National Academy of Sciences*, 113(15), 4146–4151.

哲食之道

(vi)如果所有人都吃素，動物便會大量繁殖，破壞生
　　　　態環境，導致世界末日。

　　(vii)你不喜歡吃肉固然可以不吃，但不應阻止其他人；
　　　　對於膳食每個人都有自主權，所以吃肉沒有錯。

2. 網上有不少影片記錄動物養殖場和屠房的慘況。試找
　來觀看，然後記下感想。

3. 著名樂隊「披頭四」成員Paul McCartney說過：「如
　果屠宰場的牆壁是用玻璃造的，每個人都會變成素食
　者。」你同意嗎？

4. 世界癌症研究基金會建議，每人每星期不應該吃多於
　500克的紅肉。請你估算你每星期吃肉的份量。你覺
　得有需要少吃一點嗎？

5. 有哪些支持吃肉的論據，是本章未曾探討的？

6. 你認為哪一個支持吃肉的論據是最合理的？試和朋友
　討論這個論據，看看他們是否贊同。

7. 2016年有位美國人遇上車禍需要截肢，結果他把切下
　來的腳煮了來吃，更與朋友分享。你認為法律應否禁
　止這種做法？理據是什麼？

為何吃肉

3

戒殺護生

上一章討論了不少支持吃肉的論據，它們大都缺乏信服力。不過，這並不足以證明吃肉便是錯的。所以本章會換個角度，集中討論一些支持茹素、反對殺生的理由。當然，吃肉與否這爭議很複雜，讀者不一定要同意本書的分析。最重要的是我們能夠認真而有條理地反省自己的立場，然後作出適當的判斷。

效益主義

近代提倡素食的哲學家，最著名的相信是彼得・辛格 (Peter Singer)。辛格在一九七五年出版《動物解放》一書，呼籲人類停止殺害動物，以及終止所有動物實驗。這本書在西方社會備受矚目，促成了各項維護動物權益的運動。《動物解放》可能是近年最具影響力的哲學著作。

辛格認為道德的一個基本理念是「公平原則」，意思是我們應該公平對待所有能夠感受快樂和痛苦的生命。這不是說我們對待動物要好像對人一樣，例如宗教自由便不適用於動物。公平原則所要求的，是相同的利益 (interest) 必須得到同等的重視。接受教育對所有人都同樣重要，所

以若我們禁止女孩讀書，便違反了公平原則。辛格認為，生存以及避免痛苦是人類和動物的根本利益，但人類為了滿足口腹之慾而殘殺動物，是忽視牠們的利益。這是物種歧視 (specieism)，與種族歧視和性別歧視同出一轍，道德上均不能接受。

　　不過，辛格的公平原則，並不足以幫助我們處理利益衝突這個問題。把動物當作糧食，確實損害了動物的利益；但與此同時我們能享用美味的肉類，卻是合乎人類的利益。此消彼長，何者為重？同樣，以動物作實驗也是損害牠們的利益，但為什麼我們不能犧牲動物來造福人類呢？

　　辛格建議我們引用效益主義 (Utilitarianism) 來解答這些問題。效益主義是一種道德理論，用來判斷一項行為是否符合道德。主要提倡者為英國哲學家邊沁 (Jeremy Bentham, 1748–1832) 以及彌爾 (John Stuart Mill, 1806–1873)。根據效益主義，一項行為是否正確，視乎該行為相比其他選擇來說會否帶來最好的後果，而後果的好壞是以效益 (utility) 來衡量。效益是指一項行為所帶來的正面後果，減去其負面後果之後，所餘下的淨值。快樂是正面的後果，痛苦是負面的後果。例如打針接種疫苗可能會瞬間感到一點痛楚，但如能因此避免患上頑疾，打針自然能夠提高效益；相反，如果疫苗已經過期無效，打針只有痛楚卻沒有好處，當然便不應該進行了。中國墨家有「兩害相權，取其輕」和「利之中取大，害之中取小」之說，與效益主義十分接

近。[1] 辛格相信，人類如果不吃肉，固然會失去一些快樂，但卻為動物消除了大量的痛苦。與此同時，一些原本牧養禽畜的土地可以用來耕作，增加糧食供應以杜絕饑荒。因此，人類放棄吃肉，應該能夠帶來最大的效益。

要分析這個論據，有兩個問題要處理。第一，效益主義是否正確的道德理論？第二，茹素相比吃肉，是否真的帶來更多效益？就第一個問題來說，很多反對效益主義的哲學家認為，追求最大的效益不一定合乎道德。一種常見的批評是，根據效益主義，只要某項行為能夠帶來最大的效益，就算犧牲一小數人也是應該的。例如殺死一個無家可歸的露宿者，移植他的心、肝、腎和肺來救活幾個人，常人都會說這是錯的，但效益主義卻視為正確，因為救活幾個人能夠帶來更大的效益。

支持效益主義的人可能反駁，殺死露宿者不會帶來最大的效益。首先，露宿者的家人和朋友會非常傷心，這是負面效益。就算露宿者舉目無親，如果一個社會真的縱容這類冷血的事，也可能會造成恐慌，又或帶來其他長遠的負面效益。效益主義者甚至可能認為，社會應該訂立一套保障權利的制度，禁絕這種事情，這樣才能為社會帶來最大的長遠效益。

效益主義是否正確的道德理論，至今仍有很多爭議。不過，即使效益主義是對的，也未必代表宰殺動物是錯的。有很多地方氣候和土壤不太適宜種植，只能用來放牧

1　《墨子·大取》。

家畜。此外，雖然現代畜牧業令動物飽受痛苦，但如果取締畜牧業，會令很多人失業，嗜肉的人也會失去人生樂趣。如能在農場營造舒適的環境，以及採用快速無痛的屠宰方法，那麼動物便可以快樂地生活，人類又可以開心地吃肉。這豈非兩全其美，更能提高效益？

這個方案原則上看來不錯，但卻難以實行。很多畜牧公司表示關注動物福利，但有時候只是一種宣傳手法。農場和屠宰場不乏保障動物福利的標準，只是工人為了方便或者其他原因未必會嚴格遵從。畜牧業工業化，是為了滿足對肉類的龐大需求。改善禽畜的福利，自然會增加成本和降低效率，令肉類的價格大漲，變成奢侈品。要善待動物，又要保持現有的飲食模式，是不切實制的。

不過，討論至此也說明了，效益主義並非在原則上完全反對飼養和宰食動物，一切視乎效益的計算。所以有些論者認為，效益主義不能真正保障動物和弱勢社群的權益。權利之所以重要，並非只是用來增加社會的整體長遠效益。權利是制約的工具，阻止個體因為其他人的福祉而被不合理地犧牲，就算是為了製造更多的效益也不可以。很多反對吃肉的人因此認為，只有肯定動物擁有自身的權利，才能真正保障牠們的利益。如此來說，除了人權以外，我們也要接納「雞權」、「豬權」和「牛權」等權利。這樣的立場是否很荒謬？

哲食之道

動物的價值

　　動物與人類同樣擁有權利之說，絕非學術空談。西班牙的小鎮Trigueros del Valle，便在2015年立例賦予貓狗生存的權利。2014年阿根廷法院也首次裁定黑猩猩擁有免被禁錮的權利。2018年美國有十多位哲學家向法院呈請，要求頒布黑猩猩能夠擁有權利。法院最後拒絕呈請，認為黑猩猩不符合法律上「人」(person)的定義。不過，我們有什麼理由認為只有人類才配擁有權利？

　　美國哲學家雷根(Tom Regan)於《論證動物權利》一書中，便嘗試為動物權利辯護。雷根首先提出「生命主體」這個概念。「生命主體」是指任何有思想、意識、情緒和選擇能力的生物，牠們能夠感受痛苦和快樂。雷根相信，所有哺乳類動物，包括嬰兒及心智不正常的人，皆符合生命主體的定義，植物則不然。

　　雷根接着指出，所有生命主體都應該享有同等的「內在價值」。這內在價值的高低與其行為和經驗無關，亦不視乎該生物是否善良，對社會有沒有貢獻。任何擁有內在價值的生物，都應該受到尊重，不能純綷當作別人的工具。尊重這些生物的方法，便是賦予牠們生存的權利以及不受傷害的權利。既然我們飼養的禽畜都屬於生命主體，這些動物自然擁有以上的權利。把牠們當作食物便是侵犯了牠們的權利。

　　雷根的論據有一項基本假設，便是所有生命主體都有內在價值。這個假設看來是合理的。能夠感受痛苦和快樂

的生命，自然不應該只被當作一件工具或死物，也就是説這個生命有獨立的內在價值，值得尊重。瑞士的《動物福利法案》也採納這個立場，法案規定動物的尊嚴和福利必須受到保障；除非有特別的理由，任何人都不得令動物遭受痛楚和驚恐。

不過，尊重動物可以有不同形式，為何一定要賦予牠們權利呢？有很多狩獵民族，堅持用盡獵物的每一部分，骨頭和皮毛也不會浪費，以示對動物的尊重和感謝。純粹因為貪玩而折磨小貓，是不尊重生命，但若我們以動物為食物或實驗對象，如果在過程中盡量減少牠們的痛楚，為何仍是對牠們不尊重呢？

有惻隱之心的人都會愛護和尊重動物，但他們未必同意人和動物擁有同等的價值和生存權利。假設發生火災時我們要決定救一個人還是一條狗，我們應該如何取捨？我不排除有些人愛狗甚於愛人，但相信大部分人還是會選擇救人，因為人命關天。《論語·鄉黨》講述有一次馬房失火，孔子知道後立刻便問「傷人乎？」，而不是問有多少馬匹罹難。

嚴格來説，火災的例子並不足以證明雷根是錯的。雷根可以認為人和狗擁有同等的內在價值，但人可以對社會有較大貢獻，能帶來更多效益。救人不救狗，只是説明道德除了考慮內在價值以外，也考慮效益。如果我們要拯救愛因斯坦或一個凡人，我們應該選擇愛因斯坦，因為他可以作出較大的貢獻，但這並不表示他的人權比別人多，又或者擁有高人一等的內在價值。

有兩個論據，可能是對雷根比較有力的批評。第一，醫學和科學研究經常以動物作為實驗對象，但卻會令動物受苦。當然，我們不應該支持那些殘忍而不必要的實驗，但許多科學家認為，動物實驗確實能夠幫助我們對抗各種頑疾。不過，我們絕不會同意強逼人作為實驗對象，就算他們對社會沒有貢獻也好。這似乎反映人有更高的內在價值，其權利也更為重要。

　　另一個論據是關於如何處理自然界的食肉動物。人有內在價值和生存的權利，所以如果有遊客在非洲草原給獅子攻擊，我們應該設法營救；但假如獅子攻擊的是一頭斑馬，相信大家只會袖手旁觀或者拍照留念。只是，如果人和斑馬擁有相同的內在價值和基本權利，我們不是也應該拯救斑馬嗎？進一步來說，我們可能應該保護各種在大自然被捕獵的野生動物，以及提供恰當的素食給那些食肉動物。不過，很多人都會認為這些措施實屬荒謬。

　　以上的批評，假設了用動物作實驗和任由牠們互相獵殺都是應該接受的，但維護動物權利的人未必贊同。他們也許真心相信，就算動物實驗有助醫治癌症，也不應該進行。他們也可能認為，原則上我們確實應該阻止獅子捕食斑馬和其他動物，但這樣做有技術和經濟上的困難。況且野生動物與生態環境關係密切，大規模地干預大自然，有可能破壞生態平衡，造成更嚴重的災難。所以，這兩個論據對雷根的立場未必構成致命的批評。

戒殺護生

權利的基礎

雷根也明白，人和動物的內在價值同等這想法極具爭議。他的回應是，若我們認為人比動物優勝，內在價值更高，我們便必須同意人也應當如此看待：聰明、有學問又或較能幹的人擁有較多權利，其生命也較具價值。不過，雷根認為歷史上很多大屠殺和種族歧視，正是源於這種精英主義。美國的《獨立宣言》開宗明義指出：「人人生而平等」。聯合國《世界人權宣言》第一條也說：「人人生而自由，在尊嚴和權利上一律平等。」精英主義違反平等和公義，不應接受。

不過，反對動物權利的人是否一定要接受精英主義？他們可能認為，擁有權利必須達到某些標準；一旦符合標準，便擁有相同的基本權利和內在價值。這好像小孩子吃自助餐免費，但只要超出某個歲數，所有人都要付同等的價錢。根據這個原則，雖然動物沒有權利，但比較強壯和聰明的人，權利和價值與常人無異。超人和高智商的外星人，也不能奴役或者吃掉人類。

只是，擁有權利是基於什麼標準？為何超人和正常人有權利，動植物卻沒有？有些人認為擁有權利的必要條件是理性思考，也有人說是語言能力，也有人認為道德判斷能力才是最重要的。這些立場的共通問題，便是並非所有人都符合這些條件。初生嬰兒欠缺理性、語言和道德判斷的能力。如果動物沒有權利，可以當作食物，為何嬰兒不能吃？

一個常見的答覆是，嬰兒長大後，自然擁有較高的認知和道德判斷能力，但動植物卻不會。換句話說，正常人的權利，來自他們現有的認知能力；嬰兒的權利，則是基於他們的發展潛能。不過，如果嬰兒的權利源於他們的潛能，那麼我們又應該如何看待墮胎？墮胎不是也扼殺了胚胎的發展潛能嗎？

　　另外，「潛能」的意思其實不太清楚。「潛能」是潛在的能力，也是說該能力在某些可能的情況下可以實現，但什麼是可能的情況？「可能」有不同的意思，例如是「可以運用現有科技來實現」，又或者只是「原則上有機會發生」，不用理會現有科技的限制。如果是前者，那麼身患絕症，沒有機會成長的嬰兒便肯定沒有潛能，也就是說沒有權利，可以當作實驗品或食物。另外，晚期的癡呆症患者和患有嚴重認知障礙的人，如果無法以現有醫學技術治癒，按照上述思路，他們也一樣沒有權利了。

　　如果潛能只是原則上能夠發展出理性或者道德判斷的能力，這個立場也要面對不少問題。科學家利用幹細胞技術，原則上可以把我們身體的細胞培植成一個複製人。如是者，豈不是每一個細胞都擁有潛能和權利？我們刷牙的時候，難免會把口腔內的一些細胞殺死，難道這也算是違反權利？也許有人會說，這些細胞沒有意識；要擁有權利，要同時擁有潛能和意識。但是，我們睡覺沒有發夢的時候也可能沒有意識，但我們不會因此便喪失所有權利。我們也可以想像，或許動物可以借助新科技而發展出理性

戒殺護生

和道德判斷的能力。也許有一種藥物，注射入豬腦後，能令豬變得如同人類般聰明。既然這是原則上有機會發生，所有豬隻都應該擁有生存權。

　　總括而言，要支持吃肉，我們必須說明人和動物有什麼重要的分別，可以解釋為何兩者的內在價值並不均等。人和動物的差異可以分生理和心理兩方面。生理的特徵例如基因和相貌固然可以把人類和動物區分，但這些生理特徵卻不見得可以解釋為何能吃動物而不能吃人。相貌像豬一樣的人不是食物，豬如果站立起來用兩條腿走路也不會擁有人權。至於心理特徵，人類和動物的認知能力顯然有重疊之處。如果認知要求定得太高，嬰兒以及有嚴重認知障礙的人便會喪失權利。另一方面，如果為了保障這些人而降低認知要求，很多禽畜也會同樣達標。對支持吃肉的人來說，這是個難以化解的兩難困境。

　　我聽過一個講法，說嬰兒和患有認知障礙的人與我們擁有相同的人類基因。這些基因代表了人性，而人性是有價值的。基於對人性的尊重，我們也應該尊重他們。不過，為什麼嬰兒擁有人類的基因，他們的內在價值便與正常人一樣？我們的糞便也有大量人類基因，難道因此要尊重糞便？現在有些生物學家，嘗試在動物身上種植人類的器官。這些動物的身體自然也會有人類的基因，但沒有人認為牠們因此便擁有人權。說到底，這個論據只是強調「人不是食物」，但這是乞求論點，事先把要證明的結論假設為理所當然。

　　　　　　　　　　　　　　　　哲食之道

不過，也許以上觀點有值得參考之處。可能我們應該考慮把認知能力正常的人，與嬰兒以及患有認知障礙的人分開處理。問題是，後者的權利和價值，是否因此必定與動物一樣？有一點可以留意的是，有時候我們保護和尊重一些東西，是因為它的象徵價值，而非內在價值。例如一面國旗只是一塊布，沒有內在價值，但很多人見到祖國的國旗依然會肅然起敬，把國旗視為莊嚴而神聖的東西。同樣，有人死了，我們會說要尊重死者，不可玷污遺體。只是，屍體是沒有生命的物件，為什麼需要尊重？何以不能拿來發洩性慾或者餵狗？大家可能覺得這些行徑極度噁心和令人髮指。我們反應強烈，正是因為遺體有象徵價值，表達對人性的尊重。

基於這些觀察，也許沒有正常認知能力的人，依然可以擁有象徵價值，所以也應該獲賦予權利。根據這個思路，我們可以這樣解釋為什麼吃動物並無問題：[2]

+ 權利的基礎在於擁有較高的認知能力。所有正常人都擁有同等的權利；嬰兒和患有嚴重認知障礙的人（簡稱「非正常人」）則沒有。動物也沒有。

+ 非正常人和動物雖然沒有權利，但他們擁有意識，所以他們依然擁有內在價值，不能純粹當作工具。例如

2　這個理論與某些運用契約論來反對動物權利的立場有些接近，但也有很大的分別。對這個題目有興趣的話可以參考 Carruthers, P. (1992). *The Animals Issue.* Cambridge University Press.

為了貪玩而折磨嬰兒和動物都是不合乎道德的。

- 非正常人的相貌、生理和心理特徵與正常人很接近，所以他們有很高的象徵價值。人類的道德情感，並不容許我們採取一種割裂的態度：一方面尊重正常人，另一方面卻若無其事地把非正常人當作食物和實驗品。另外，正常人和非正常人並非界線分明，如果只賦予權利給正常人，也很容易造成糾紛，影響社會穩定。基於這些考慮，最簡單的解決辦法便是把非正常人視作正常人一般看待，賦予他們同等的生存權利。

- 把動物當作食物和實驗品，不會嚴重衝擊我們的道德情感，阻礙我們尊重正常人，所以我們不用賦予權利給動物。不過，動物雖然沒有生存的權利，但由於牠們擁有內在價值，所以我們應避免讓牠們承受不合理的痛苦。

根據以上建議，人有權利但動物沒有，所以宰食動物在原則上合乎道德。當然，這個理論還有很多地方需要詳細解釋，例如為什麼權利要建基於較高的認知能力？這個理論對人類道德情感的假設也未必正確。說不定人類如果賦予權利給動物，我們便會更有愛心，社會也更穩定？要解釋為什麼動物可吃而人不可吃，其實十分困難，大家可以嘗試尋求其他更好的理據。無論如何，就算動物沒有權利，牠們依然擁有意識，有獨立的內在價值。人類對待動物，必須考慮牠們的利益，不能任意妄為。現代畜牧業令

動物飽受痛苦，嚴重破壞生態環境，危害公共衛生。不管動物有沒有權利，也是時候認真改革這門行業。

消費者的力量

不少讀者或會同意現代畜牧業必須作出改變，但我們作為消費者，到底有什麼責任？供應雞肉的農場和企業可能違反道德，但這卻不足以證明我吃炸雞也是錯的。首先，我吃的雞不是因我而死。如果我在街市買活雞來烹調，我確實直接令動物被殺，但餐廳和商店供應的肉類，通常來自早已死去的動物。有些凍肉，更可能已經冷藏多年！在這些情況，我們吃肉是不會直接導致動物受苦和死亡的。

有人可能回應，吃肉是支持不人道的畜牧業，間接令動物受苦，所以也是錯的。只是，作為消費者，我們對整個制度的影響力非常有限。例如連鎖超級市場的入貨量十分龐大，如果你在超市決定不買一塊肉，可能也會有另一個人買。若然真的無人問津，超市集團只會把它當作垃圾丟棄，而不是減少入貨。一個升斗市民的決定，對大型食品商的採購計劃根本起不了絲毫作用。既然如此，吃肉哪會是錯的呢？

當然，錯誤的行為不一定要造成實質的壞後果。擅闖民居，儘管沒有偷竊和破壞，依然是犯法的。不過，這是因為擅自進入私人地方侵犯了業主的業權。如果動物根本沒有權利，吃肉便不是侵權的行為。若然動物擁有權利

的話，只要動物不是因我而被殺，我們吃肉時動物早已死去，那麼我們作為消費者自然也沒有侵犯牠們的權利。

不過，話說回來，雖然一個人吃肉與否，對社會的影響輕微，但也不能說是毫無影響。我們決定吃肉，也同時向身邊的親朋表達了我們的價值觀，向吃肉的人示以認同。超級市場和餐廳的盈利記錄，也包括了我們的消費。吃肉是在自由市場中以金錢投票，告訴市場的參與者，還有一個消費者願意繼續支持這個殘忍的制度。假如有兇手開槍殺人，而我們沒有提供協助，自然不是殺人犯；但在兇手殺人後我們鼓掌，支持和鼓勵他繼續殺人，那我們也不是無可指摘的。個別消費者吃肉與否，對整個畜牧業的影響近乎零。只是，一項行為後果輕微，不代表這項行為沒有錯，可能只是錯的程度較小而已。一個億萬富豪，你偷他一塊錢，對他的財富毫無實質影響。不過，如果因為偷他一塊錢沒有錯，結果所有人都這麼做，他便變成一無所有，那還怎能堅稱沒有人做錯事！

劉備臨終前告誡其子劉禪：「勿以惡小而為之，勿以善小而不為。」雖然我們的力量有限，但我們的選擇並非沒有對錯之分。社會變革必須借助群眾的力量：沒有人願意改變，改變便不會發生。我們不要小看群眾推動歷史發展的能力。以男女平等為例，女性在美國要等到1920年才有投票權。[3] 中國女性纏足的風俗，也是到大概百多年前才

3　但美國大部分黑人要等到差不多1965年才真正享有投票的自由。

　　　　　　　　　　　　哲食之道

式微。性別平權到了今天當然還有很大的進步空間，但成果也不容置疑。這些成果有賴前人的努力與堅持。

我們不一定要成為社會運動的中堅分子，但在日常生活中，自有我們可貢獻之處。動物是否擁有權利，大家可以持不同立場，但現代畜牧業的不人道之處，我們不能視而不見。我們現在不會支持昔日的奴隸制度，也不再吃猴腦。也許未來的人也會質疑為何我們今天對待動物這樣殘暴。吃肉對很多人來說是根深蒂固的生活習慣，很難立刻改變。不過，有三件事情是每個人都可以做的。第一，很多維護吃肉的觀點其實理據薄弱，我們不應繼續接受。第二，我們可以有計劃和有系統地慢慢改變自己的飲食習慣，做一個「彈性」素食者(flexitarian)，或者「少肉主義者」(reducetarian)。多嘗試素食，也是一項愛護自己、動物和地球的善舉。第三，我們可以多閱讀相關資料，加深對食物與健康的認識，我們便可能更有動力減少吃肉。只要我們保持開放的態度，明白飲食習慣並非必然，我們會漸漸發覺多吃蔬果會令我們更健康，對食物的味道更敏感，也能讓我們重新享受新鮮食物的真味。

前蘇聯小說家和歷史學家、諾貝爾文學獎得主索忍尼辛(Aleksandr Solzhenitsyn, 1918–2008)，曾因政見不同而被監禁和流放，但他沒有因此停止批判掌權者。以下名句據說來自索忍尼辛：

你可以立志活得有風骨。讓自己採納這個信條：儘管

謊言來到這個世界，儘管它可能大獲全勝，但不是通過我。[4]

世上錯誤而不公義的事情多的是，我們不一定能在有生之年改變得到，但如果能夠減少自己的參與程度，不助長邪惡，並把正確的訊息宣揚開去，這也何嘗不是美事。

討論

1. 試想想有沒有其他例子可以用來反對效益主義？

2. 人類除了因為吃肉而令動物受苦，也使很多生物絕種，以及嚴重破壞環境。根據效益主義，人類是否應該把自己消滅，讓大自然重生？這樣做會否帶來最大的效益？

3. 中國廣西每年舉行狗肉節，有網民嫌太殘忍，發起簽名運動呼籲當局取消，並收集到過千萬的簽名支持。你認為一個吃肉的人應該表示支持嗎？認為雞和豬可吃但貓和狗不可吃，是否自相矛盾？吃猴子和海豚又如何？

4. 「紫河車」是人類的胎盤，也是用來補身的中藥。西方社會也有人把胎盤拿來吃，大部分國家也不會禁

4　英文版本："You can resolve to live your life with integrity. Let your credo be this: Let the lie come into the world, let it even triumph. But not through me." 這句勵志的話很多人引用，但我至今也查不到原文的出處。不過，索忍尼辛1974年的一篇文章（"Live Not by Lies"）裏有一段的意思最為接近，可能經翻譯和修飾後演變成今天的英文版本。

哲食之道

止。那麼如果有人運用基因技術，以人類幹細胞製造人肉來吃，法律是否也應予容許？為什麼？

5. 如果動物擁有權利，不應被當作食物，那麼我們是否也應該取締動物園和馬戲團、並禁止賽馬和賽狗？把動物當作寵物是否也違反牠們的權利？

6. 你同意初生嬰兒擁有權利嗎？為什麼？患有末期阿茲海默病（Alzheimer's disease）的人，通常有嚴重的認知障礙，他們又擁有權利嗎？

4

救饑拯溺

如果遇到以下的情況，你會怎樣做？

你路經一個水池，看見有一個小孩突然跌了進去。水池雖然不深，但小孩不懂游泳，正在水中掙扎，看來快將遇溺。水池附近並無旁人，而你跳進水裏亦不會有危險。在這個情況，你會救起小孩嗎？

相信絕大部分人都會說他們定必把小孩救起。不費吹灰之力便可救人一命，何樂而不為？不過，現實生活卻不是這麼一回事。2011年中國廣東佛山一名兩歲女童王悅獨自離家後，先後被兩輛客貨車撞倒和輾過，兩名司機均不顧而去。尤有甚者，閉路電視顯示，前後共有18名途人見到女童在地上淌血，但卻無人施以援手。最後只有一名拾荒婦陳賢妹把女童抱到路邊，但女童礙於傷勢過重，最終送院不治。

這件悲劇轟動中港台，全世界的媒體都有報導。大部分人認為兩名司機和各途人的行為令人髮指。另外亦有很

多人讚賞陳賢妹的行為，但陳的回應是：「我只是做了一個人該做的事情。」

陳賢妹的話表達了一個想法：在類似的情況，任何人都有責任去拯救急需幫助的人，袖手旁觀是錯誤的。可能有人會指出，中國大陸的情況特殊，騙案不絕。你幫助一個看似受傷的人，他可能其實是個騙子，之後反過來誣告你弄傷了他，向你勒索。這些情況並非罕見，所以做好人不一定有好報，袖手旁觀有時只是為求自保。

當然，如果一個國家的人民普遍有這個想法，那實在十分可悲。為免救人後反遭誣陷和勒索，有些地方會訂立所謂「好人法」，免去他們緊急施救時的一些法律責任。德國、美國和台灣都有類似的法律。大陸在2017年通過的《民法總則》也有相關規定。不過，假設在前述的水池例子，沒有人會誣告你，那麼你還有理由不去拯救小孩嗎？

上一章討論過哲學家辛格的理論，這個水池例子也是他提出的。[1] 他認為我們有責任拯救小孩，如果沒有這樣做，便犯了道德上的錯誤。我問過我的學生，他們大都同意。雖然跳進水池可能會弄髒衣服，或者導致上班或上課遲到，但他們都認為任由小孩溺斃是錯的。

不過，如果我們把例子修改一下又如何？假設你剛巧買了個大蛋糕，如果去救小孩，便要把蛋糕放在地上。這樣會引來很多蟲蟻，蛋糕也不能吃了，那麼你還會跳進水

1　見 Singer, P. (1972). Famine, affluence, and morality. *Philosophy & Public Affairs*, 1(3), 229–243.

哲食之道

池嗎？我相信雖然有人或會稍為猶豫，但很少人會因此改變主意。只是，如果救人要付上更高昂的代價呢？我有三分之一的學生表示，願意犧牲一根手指來拯救小孩。有十分之一的學生甚至不介意犧牲一己性命！大家不妨想想，為了救人一命，你又願意付上多大的代價？

你也可以救人一命

辛格提出這個水池例子，並非讓我們自詡善良，而是希望我們反省自己的道德責任。首先，絕大部分人都認為應該把小孩救起。不過，當救人需要作出重大犧牲，一般人便不會堅持我們有這樣的責任。以下的道德原則也許反映了很多人的想法：

> 如果無須重大犧牲便能阻止一件可怕的事情發生，我們便有責任這樣做。

這個立場可稱為「拯救原則」。[2] 拯救原則當然並非完全清晰，因為「犧牲」和「可怕」的意思不太精準。這不是說拯救原則沒有內容，不能應用。救人時弄髒衣服，顯然不算重大犧牲；任由無辜的小孩溺斃，肯定是一件可怕的事。所以根據這項原則，我們有責任拯救小孩。不過，我們的責任只限於阻止可怕的事情發生。假如小孩因為

2　辛格的原文(見上一個註腳)也提及一個很接近的原則。

沒有糖果而哭，這並非十分可怕的事，我們也沒有責任給他買糖。另外，拯救原則沒有要求我們犧牲性命來幫助別人。這不是說我們不可以。為別人犧牲自己，是偉大的行為，但拯救原則沒有視之為我們的責任。

　　拯救原則雖然看來合理，而且要求不高，但辛格想指出的是，其實我們在日常生活大都沒有遵守這項原則。我們平日很少遇到快要遇溺的小孩，但辛格認為近似的情況其實多不勝數。這個世界充滿天災人禍，有很多人需要幫助。全球每天有16,000個五歲以下的小孩死亡，也就是說差不多每五秒便有一個小孩死去。一年的總數大概是六百萬，而其中一半是死於飢餓或營養不良導致的疾病。[3] 位於加勒比海的海地是個窮國。海地有一種「泥餅」，是用泥土曬乾而成的，裏面會加少許鹽和油。泥餅當然缺乏營養，但當地很多小孩都用來充飢。我們很幸運，贏在起跑線上，生長在比較富裕的地方。我們的煩惱，是下一餐吃什麼美食，而非為何又要吃泥餅。

　　面對人世間的各種災難，我們經常感到無能為力，但這是錯覺。我們大都有能力救人一命，以及改善他人的生活。以蚊疾為例，蚊是世上最危險的生物之一，能傳播瘧疾、日本腦炎、寨卡病毒、黃熱病、登革熱等。單是瘧疾，2018年全球估計有二億宗病例，導致四十萬人死亡，其中三分之二是五歲以下的無辜小孩。預防瘧疾的一個有效方法，是睡覺時掛起附有殺蟲劑的防蚊帳，一個還不到

3　檢自：http://www.bbc.com/news/science-environment-37450953

　　　　　　　　　　　　哲食之道

三美元。慈善機構Against Malaria Foundation便接受網上捐款，所得款項均用來買蚊帳送給非洲家庭，不會用以繳付行政開支。[4] 你的捐助有機會拯救到一個或更多人的性命。

　　拿三美元做善事，對一般人來說算不上犧牲，可能是不到一杯咖啡的價錢。很多人愛吃鵝肝鮑魚，光顧高級餐廳，每年生日說不定會開派對、買禮物、大快朵頤。這些消費總共可以買多少個蚊帳，救助多少人？據統計，2019年香港人結婚的平均支出為四萬多美元，其中一半是花在婚宴。一對新人如省下1%的結婚開支，便可以捐贈百餘個蚊帳。當然，我們的貢獻只是汪洋中的一滴水，但如果一滴水也可以拯救一些身處死亡邊緣的人，我們不是更應該這樣做嗎？

　　很多人覺得財富是自己努力爭取回來的，我們沒有責任與別人分享。捐款是做善事，做善事固然美好，但我們沒有道德責任去這樣做。不過，從防蚊帳的例子可見，救人其實很容易。我們不需要重大的犧牲，便能夠避免可怕的事情發生。根據拯救原則，我們有道德責任把握這些救人的機會。如果你之前信誓旦旦地表示會跳進水池把小孩救起，甚至願意為此付出很多，你又有什麼理由現在不立刻捐錢救人呢？

行善的責任

　　辛格的水池例子，是一種「比喻論證」。我們比較現

4　網址：https://www.againstmalaria.com

實生活和水池的情況，發現兩者很相似，從而得出一個結論：我們在水池應該做的事，在日常生活也應該做。比喻論證應用於道德層面，有助我們反省做人處事的原則，檢查我們的道德判斷有否雙重標準。

很多人認為自己遵守法律，沒有做傷天害理的事，便已符合道德要求，是個好人。不過，如果辛格的論證正確，我們平日有很多救人一命的機會，我們有責任好好把握這些機會。否則，我們與王悅事件中那些見死不救的途人，其實分別不大！

對於這個結論，可能很多人不以為然。不過，如果你不同意，你又能否指出辛格的論證有何錯處？要反駁辛格，至少有兩個途徑：第一，有些人可能認為我們根本沒有責任把小孩從水池中救起，所以也沒有責任捐錢救人。第二，縱使我們有道德責任拯救遇溺的小孩，但如果這個例子與現實分別很大，這也不能證明我們在現實生活中有責任捐錢救人。

先談第一個觀點。如果有人真的相信我們沒有責任拯救水池裏的小孩，我也無話可說。這就相當於認為在王悅事件中，那些途人完全無可非議。我只能問，你會選擇一個有這種想法的伴侶嗎？你會否這樣教導你的子女？假如你是王悅的父母，你真的會認為途人沒有責任施救？如果真是這樣，我也沒有什麼理據可以令你改變主意。可能有些社會的風俗奇特，一方面嚴禁傷害別人，另一方面卻不認為有任何責任去幫助身陷險境的人。你的食物裏有一根

哲食之道

鐵釘，他們也不認為要開聲。[5] 如果是這樣，也許有人會認為拯救原則不適用於這個社會。可是，我們現在考慮的受困人士，並非生活在這些地方。事實上，在很多實行歐陸法制(civil law)的國家，法律條文規定市民在合理的情況下要幫助遇上嚴重事故的人，或至少尋求其他人協助營救。《聯合國海洋法公約》第98條也清楚列明，船隻如在海上遇到性命受威脅的人，也有義務盡量作出救援。

也許大部分人都會接受我們有責任幫助王悦，以及救起水池裏的小孩。不過，當中也可能有人認為這些例子與給災民捐款關係不大。兩者最明顯的分別便是救援者與被救者之間的距離。被饑荒和蚊疾威脅的非洲兒童遠在天邊，而王悦和遇溺的小孩則近在眼前。按照這條思路，拯救原則只適用於發生在我們身邊的意外。

拯救原則是否有這樣的限制？當我們目擊身邊的不幸事件，同情心確實較易受到掀動，但我們的道德責任，是否只取決於我們的情緒反應？對於遠方的災難，我們有時也能提供協助。曾經有兩名青年一同玩網絡遊戲，他們一個在英國，另一個則身處美國。在英國的青年突然心臟病發，在房間倒地不起，與他同住的父母卻懵然不知。幸好美國女網友知道他的住址，立刻越洋召喚救護車，救了他一命。我希望各位同意，如果召喚救護車對那美國網友來說只是舉手之勞，那麼她確實有這個責任，兩人的距離並沒有關係。

5　這個例子來自 Gilbert Harman. (1977). *The Nature of Morality*. Oxford University Press, p.98.

或許有人會回應：「在這個例子，只有那美國網友知道他心臟病發，所以她有責任求援。在現實世界，很多富翁比我更有條件去救助災民，所以他們應該承擔更大的責任。我沒有額外的義務去捐錢，否則對我並不公平。」

　　對於這種辯辭，我們或可反過來問：「地球上有許多比你更窮更不幸的人都樂於助人，那你還有什麼藉口呢？」我們可以同意富豪有更大的責任去幫助有需要的人，而事實上也有很多富人行善絕不吝嗇。只是，這也並不代表我們沒有絲毫的責任。此外，這個世界自私自利的人甚多，我們不一定要跟從他們。我們不會因為每天都有人死亡，而認為殺一個人沒什麼大不了。當然，如有很多人跟自己一起犯錯，內疚感會少一點，但這並不意味我們不用負責。試想像有小孩遇溺，有數十人圍觀。他們都比你強壯，也更善泳，但卻只是袖手旁觀。遇上這個情況，我們當然可以批評這些人，並且認為他們更有責任去救人。只是，我們不應基於這個緣故而坐視不理。小女童王悅被撞倒後，有18名途人路過而見死不救。如果你是第19個，難道便可以視若無睹，一走了之？

制度問題

　　天災人禍令人感到惋惜和難過，但有時也不能避免。馬爾薩斯(Thomas Malthus, 1766–1834)是一名英國牧師，生於18世紀，也是一位經濟學家。他在1798年出版的名著《人口原理》中寫道，人口是以幾何級數的方式增長，但

糧食供應的增長只屬算術級數。[6] 馬爾薩斯認為人口膨脹的速度一定比糧食增長快，所以有很多人註定飽受貧困和饑餓之苦。

馬爾薩斯可能過於悲觀。世界人口雖然還是不斷上升，但增長率自1970年代便開始放緩。從不同地方的經驗所見，一個國家如能提高經濟和教育水平，推廣生育計劃，出生率通常會降低。全球的糧食產量根本足以養活所有人口。飢餓問題，並非在於食物不足，沒有人需要無辜餓死。富裕國家浪費食物的問題是眾所周知。在香港，每日丟棄在堆填區的一萬噸廢物當中，超過三分一是食物。[7] 事實上，近數十年來全球癡肥人口不斷增加，現已超越體重過輕的人數。[8] 根據聯合國糧食與農業組織2009年的估算，全球每年只要花300億美元，便可以消除飢餓問題。300億美元是多少錢？據估計，中國釀酒業在2019年的總營業額約為1,300億美元。[9] 2020年全球的軍費支出接近二萬億美元。[10] 癡肥問題在全球每年造成的醫療開支和經濟損失則更甚，達到21,000億美元。[11]

6　幾何級數的例子：2,4,8,16,32,64,128,…。算術級數的例子：2,4,6,8,10,12,…。

7　香港政府2012年數據，見http://www.epd.gov.hk/epd/english/environmentinhk/waste/prob_solutions/food_waste_challenge.html

8　檢自：http://www.nature.com/news/more-people-obese-than-underweight-1.19682

9　檢自：https://www.shangyexinzhi.com/article/2309527.html

10　檢自：https://www.sipri.org/media/press-release/2021/world-military-spending-rises-almost-2-trillion-2020

11　檢自：http://blogs.wsj.com/economics/2014/11/19/obesity-epidemic-costing-

政府寧願花錢購買殺人武器，也不願意照顧自己的子民，這確實令人憤怒。政府有責任發展經濟，造福市民，這個沒有人會反對。只是，當政府無能又或不願意履行責任時，難道我們什麼都不用做嗎？試想想水池的例子，政府也許有責任把水池圍起來和樹立警告牌，孩子的父母同樣也不應疏忽照顧小孩，放任小孩四處走。不過，無論政府和孩子的父母如何不濟，當意外發生時，我們總不能見死不救。

有經濟學家認為，援助貧困國家只會造成依賴，並非解決饑荒問題的良策。當然，長遠來說這些國家最好能夠發展經濟，富強起來。不過，持續的經濟發展，需要穩定而廉潔的政府，健全的法律和產業制度，完善的基礎建設，以及開放而公平的市場。這些並非一朝一夕的事。提供恰當的經濟援助，與協助和推動當地政府進行改革，兩者並無衝突。

貧困國家制度不健全，是改革的絆腳石。在水池的例子裏，跳進水可以立刻救起小孩；但在現實世界，捐錢未必可以幫助到有需要的人。用作救援的資金，可能會被貪官中飽私囊。慈善捐款被濫用的例子屢見不鮮。2008年中國汶川大地震後，大陸爆出一連串濫用捐款的醜聞，例如某鎮政府耗資購買豪華車隊。2016年北京清華大學的研究發現，地震的賑災捐款有近八成未能交代用途。[12] 當然，

world–2-trillion-a-year-study-says/
12　檢自：https://hk.on.cc/cn/bkn/cnt/news/20160513/bkn

　　　　　　　　　　　　哲食之道

其他國家也有類似的情況。2010年聯合國的一份報告指出，在非洲索馬里，賑災糧食有一半被盜取或非法出售。[13] 世界銀行的研究人員估計，外國給貧困國家的援助資金平均有7.5%會被偷去。[14] 前美國總統特朗普的家人，也曾經因為挪用慈善基金來幫助特朗普競選，而被紐約州最高法院頒令賠償。

擔心捐款被侵吞，並非杞人憂天，但這是否意味我們不應捐錢給慈善機構？不過，我們跳進水，也不能保證能救活小孩。可能小孩缺氧已久，救上來還是回天乏術，但只要尚有一絲希望，我們也不應輕言放棄。如果損失一些金錢卻能救活小孩，相信大部分人仍會接受。同樣，如果有部分捐款未能直接幫助有需要的人，我們又應否介懷？

當然，為了幫助別人而受騙和被利用，內心不會好受。跳進水救小孩，但原來他只是頑童，假扮遇溺，很難不憤怒。所以行善也要講求智慧。有些佛教徒喜歡放生，但有時卻適得其反。例如把淡水魚和淡水龜放進大海，便等同謀殺。胡亂放生外來生物品種，也有可能破壞生態平衡。行善應考慮效益，避免遭受詐騙。我們不要隨便捐錢給一些來歷不明的慈善機構。很多人在街上被籌款的人攔住，捐款只是為求脫身。為免浪費金錢，我們可以挑選比

cn–20160513001032111-0513_05011_001.html

13 檢自：http://www.theguardian.com/world/2010/mar/10/aid-somalia-stolen-un-report

14 Johannesen, N., Andersen, J. J., & Rijkers, B. (2020). *Elite Capture of Foreign Aid: Evidence from Offshore Bank Accounts.* (Policy Research Working Paper No. 9150). World Bank Group.

較可靠的慈善機構，留意它們的行政開支。有些評審組織會審核各家慈善機構的效率、透明度和工作成果，也會推薦一些效益高和值得支持的慈善機構。大家在網上能輕易找到這些資料。[15] 當然，慈善機構的貢獻不能只用數字去量度，行政和籌款開支比例最小的，也不一定貢獻卓絕。總的來說，我們不應因為某些慈善機構不盡如人意，便否定所有捐款的效益。

生命的自主和意義

捐款與跳進水池，有一個明顯差別：跳進水池把小孩救起，危機便已解決；但在現實世界，捐錢卻不能根治饑荒等災難。今天捐錢救了一個小孩，小孩一年後可能還是會餓死、病死或死於戰亂。更何況還有千千萬萬其他的小孩需要幫助，根本遠超我們的能力範圍。

哲學家大都同意，對於我們無能為力的事，我們沒有責任去做。當然，沒有責任拯救所有小孩，不等於連救起一個小孩的責任都沒有。只是，我們到底有多大的責任？試想像水池每天都有很多小孩溺斃，剛救了一個，便有另一個跌進去。如果我們竭盡所能守在水池救人，那就做不了其他的事。小孩死去是悲劇，救人是美德，但難道我們有責任為他人犧牲個人的生活和理想？如果有人立志做救生員守在水池，這當然值得敬佩，但我們沒有責任無時無刻以救人為人生目標。這樣的道德要求未免太苛刻。

15　比如 http://www.givewell.org 和 http://www.charitynavigator.org。

只是，道德責任有時真的非常沉重。假設你在郵輪度假，但郵輪突然遇上意外，船身開始入水並正迅速沉沒。很不幸，你的女朋友（或男朋友）意外地被單獨反鎖在船頭，而船尾剛巧還有一百人被困。你在船中間，時間只夠救出其中一邊的人，沒有其他援手。你會救你的愛人，還是救一百個陌生人？這是非常痛苦的抉擇。如果你決定拯救至愛，死去的那一百人雖然無辜，但其親人可能也明白你的難處，甚至會原諒你。不過，道德上的正確選擇，可能是去救那一百人。道德受現實所限，所以道德的要求可以非常殘酷，不一定容易達到。佛教的地藏王菩薩曾經立下誓願：「地獄不空，誓不成佛；眾生度盡，方證菩提。」聖經《約翰一書》也說：「主為我們捨命，我們從此就知道何為愛，我們也當為弟兄捨命。凡有世上財物的，看見弟兄窮乏，卻塞住憐恤的心，愛神的心怎能存在他裏面呢？」至善的追求是有代價的，不能把自己的利益放到最前。

　　以拯救眾生為己任的聖人，他們的能耐和菩薩心腸令人景仰。不過，我們仰慕之餘，是否真的希望仿效？聖人每分每秒均以濟世為念，永遠以普渡蒼生為首要任務。聖人不會去高級餐廳品嚐佳餚，不會花時間溜冰和看電影，亦不會花錢慶祝自己和朋友的生日。任何行為，如果最終目的不是為了拯救眾生，都被視為是自私的。社會心理學有一個有趣的研究發現，我們選擇朋友和配偶時，對一些

處處考慮社會整體利益的人其實甚有保留。[16] 有另一個關於自我改進的研究指出，大部分人根本沒有多大意願去提高自己的道德水平。他們最希望改變的主要是一些與道德關係不大的性格特徵，例如提升工作效率或減少焦慮。[17]

這裏引申出一個重要的哲學和心理學問題：道德的至善境界是否有違人性？當行善壓倒生命裏其他有價值的東西，這種生活是否有所欠缺？戰國時代的墨子主張「兼愛」，待人如己：「視人之國，若視其國。視人之家，若視其家。視人之身，若視其身。」[18] 墨子與他的學生身體力行，為百姓的福祉四出奔走，但卻遭孟子批評。孟子認為墨子的兼愛，沒有親疏遠近之分，「是無父也」，是屬於禽獸而非人類的世界。[19]

孟子的批評是否有道理，並非我們的討論焦點。我們也許沒有責任成為完美的聖人，但拯救原則沒有這樣要求，也沒有假設至善境界要親疏不分。我們應該誠實反思，在追求理想之餘，能否付出更多去幫助別人？提出水池例子的哲學家辛格，他有一個學生曾經計算，如果他有一份普通的工作，拿工資的一成來捐贈蚊帳，防止瘧疾，他一生大概可以救回一百個人。這位學生說：「如果有一

16　Everett, J. A., Faber, N. S., Savulescu, J., & Crockett, M. J. (2018). The costs of being consequentialist: Social inference from instrumental harm and impartial beneficence. *Journal of Experimental Social Psychology*, 79, 200–216.

17　Sun, J., & Goodwin, G. P. (2020). Do people want to be more moral?. *Psychological Science*, 31(3), 243–257.

18　《墨子‧兼愛》

19　《孟子‧滕文公下》

哲食之道

場大火，你可以走進去救出一百個人，這應該是人生裏最光采的一刻，而我至少可以做到同樣出色的事情！」我們的處境其實大致一樣，不用進出火場也可成為英雄。

這位學生後來被牛津大學錄取，可以修讀研究院課程。本來是機會難逢，但他反覆思量，到底如何才能為社會作出最大的貢獻。最後他毅然放棄學位，到美國華爾街工作。他的工資很高，他把一半薪金捐給慈善機構。他之前以為終其一生可以救回約一百個人，但結果他在一年裏便做到了，而且以後每年都可以這樣做。我不知道他是否真的喜歡金融工作。如果為了行善而投身不喜歡的工作，那也很難持續，生活也不一定感到滿足。況且，高薪厚職伴隨而來的可能是紙醉金迷的生活，有機會令人變質，漸忘初衷。

現代社會變幻莫測，動蕩的政治和經濟環境令人擔憂。有些人揚言要為未來打算，所以暫時拒絕捐款行善。這是個好理由，還是一個藉口？追求財務自由，為自己和家人的將來籌謀是無可厚非。與此同時，我們也應該冷靜、客觀、誠實地反省自己的消費行為。我們試想一想，過去幾個月買了多少杯飲料，外出吃了多少頓飯，網購花了多少錢？難道每一筆花費都是必需的？如果我們少買一杯咖啡，少吃一道甜品，我們的生命是否便變得黯然失色，毫無意義？如果我們可以多點自覺，例如逛街的時候帶一瓶水而不買飲料，少買一件並非必要的衣服，以省下來的錢捐一個蚊帳，說不定會因此救了一個人的性命。我

們花費慶祝生日時，是否可以把部分金錢拿來做善事，感謝上天對我們的眷顧？這絕不是說我們不應該花錢取悅自己。只是，對絕大部分不愁溫飽的人來說，只要稍微調節慣常的消費模式，一樣可以救助很多人，也不會偏離自己的理財目標。既然如此，我們絕對有責任多做一點。

現代社會崇尚物質主義，令我們習慣不斷消費，用完即棄，不斷製造廢物，對自己和地球都是一個負累。其實有時候捨棄一些東西也不無益處。近年日本有人提倡「斷捨離」的生活方式，大意是「斷絕不需要的東西，捨去多餘的廢物，脫離對物品的執著」，也可以說是一種簡約主義。[20] 奉行簡約主義有程度之分，不一定要家徒四壁。「斷捨離」是清理囤積的雜物，留下我們真正喜愛的東西，不被物慾所牽制。居所不再凌亂，也能解脫心靈，有助我們把生命的喜樂聚焦。

美國投資者Warren Buffett曾是全球首富。他雖然富可敵國，但卻決定把絕大部分的財富留作慈善用途。他說「人生終極的滿足不在於銀行存款的數字，而是被你愛的人所愛。」不少心理學研究也發現，多關心和幫助別人會令我們感到人生更快樂和有意義。[21] 台灣有一位菜攤小販陳樹菊，只有小學教育程度。她非常勤儉，多年來省下超過一千萬新台幣來做公益，被《時代》雜誌選為亞洲慈善

20　山下英子（2020）《斷捨離》平安文化。
21　Park, S. Q., Kahnt, T., Dogan, A., Strang, S., Fehr, E., & Tobler, P. N. (2017). A neural link between generosity and happiness. *Nature Communications*, 8(1), 1–10.

哲食之道

英雄人物。陳樹菊說自己不是富翁，她能夠做到的，其他人也做得到：「重點不在於賺多少錢，而是怎麼花錢。」當然，陳樹菊生活簡樸刻苦，每天工作18小時，不是每個人都能承受，但陳樹菊說：「每當捐了錢，我會感到非常高興。我覺得好像是做了件對的事情。這種發自內心的感受，讓我非常快樂，能夠帶着微笑上床睡覺。」[22] 很多人每天為生活張羅，心力交瘁，但又有多少人可以晚上帶着微笑入睡？

討論

1. 以下兩個句子的意思有何分別？
   (i) 拯救原則沒有說我們有責任犧牲自己來幫助別人。
   (ii) 拯救原則說我們沒有責任犧牲自己來幫助別人。

2. 如果有人認為我們沒有責任救起水池中的小孩，你會如何回應？有什麼理據可以說服對方？

3. 過去一年你捐了多少錢給慈善機構？你如何選擇捐款對象？如果再多捐一些，會對你的生活有實質影響嗎？

4. 嘗試記下你一個星期或一個月的開支，看看有沒有可能減省一些消費，留下來捐給貧困人士？

5. 有些人說，財富的積累不單憑藉個人努力，也視乎運氣和社會提供的機遇。把遺產留給下一代，除了令下一代不勞而獲，也對創造公平機會沒有幫助，所以遺產稅稅率應該調高，以便重新分配資源。你同意嗎？

22　檢自：https://www.bbc.com/news/business-28863019

5

毒品與甜品

　　毒品常指一些容易令人上癮的有害藥物，但食物和藥物之間並非界線分明。中醫傳統強調「醫食同源」，明朝醫學家李時珍的《本草綱目》記錄了近二千種藥物，包括肉類、蔬菜、果仁和香料。希波克拉底（Hippocrates）是著名的古希臘醫師，生於公元前四百多年，比李時珍更早。希波克拉底被譽為「西方醫學之父」，他有一句名言：「讓食物成為你的藥物，藥物成為你的食物。」[1]

　　食物既是營養，也可以是毒藥。河豚在日本被奉為美食，但河豚有些部位含有劇毒，處理不當會致命。其實絕大部分的食物都可以變成毒藥，只不過視乎份量。白蘑菇含有微量的致癌物質；東星斑和蘇眉等珊瑚魚大多含有雪卡毒；茄子和馬鈴薯也有一種叫茄鹼的毒素。過量飲用清水，也有可能導致稀釋性低鈉血症而致命。

　　既然有這麼多食物可以令人中毒，為何要特別禁止毒品呢？當然，毒品可以令人上癮，影響健康，但奶茶咖

1　不過這句說話在希波克拉底留下來的著作中卻找不到，所以有學者認為這是誤傳的格言。見 Touwaide, A., & Appetiti, E. (2015). Food and medicines in the Mediterranean tradition. A systematic analysis of the earliest extant body of textual evidence. *Journal of Ethnopharmacology, 167*, 11–29.

啡、可口可樂、煙和酒一樣可以上癮，為什麼又不禁止？有毒品專家甚至半開玩笑地指出，騎馬也會上癮，而且經常有人因為墮馬而受傷甚至死亡。[2] 禁毒是否因為毒品更容易上癮，禍害更大呢？就算是這樣，禁毒是否解決這些問題的最好辦法？很多人認為禁毒理所當然，但未必會深究背後的理據和代價。客觀地分析不同政策的利弊，可以幫助我們瞭解政府在食物管制和公共衛生方面的角色。

談到毒品，多數人只會想起它們有「毒」，禍害無窮。不過，毒品有很多種，化學成份不一樣，對心理和生理的影響也有很大差別。有些毒品抑制中樞神經，令意識混沌，例如麻醉藥、鴉片、海洛英、嗎啡、鎮靜劑等。相反，可卡因、搖頭丸、安非他明等，會刺激神經系統，使人精神亢奮。迷幻性毒品，能夠產生幻覺和扭曲意識，迷幻藥(LSD)、大麻、魔術蘑菇(內含活性成份psilocybin)，同屬這一類別。當然很多毒品都會產生不止一種的影響。

毒品摧毀了很多人的健康和幸福，甚至性命，這是不容置疑的，但毒品有害只是整個事實的一部分。也有很多人認為毒品令他們受益。佐治·夏里遜(George Harrison)是英國披頭四樂隊的主音結他手。他說迷幻藥曾令他體驗到上帝和感覺到無比的幸福。喬布斯(Steve Jobs)是蘋果電腦公司的創辦人之一，其創意和毅力廣受讚賞。喬布斯也坦承曾經服用迷幻藥。他說服藥為他帶來深刻的體驗，是他

2　Nutt, D. J. (2009). Equasy – An overlooked addiction with implications for the current debate on drug harms. *Journal of Psychopharmacology*, 23(1), 3–5.

　　　　　　　　　　　　　　哲食之道

人生中做過最重要的兩三件事情之一。[3]

　　學術界也有不少人使用過毒品。著名的美國哲學家與心理學家詹姆斯（William James, 1842–1910），是哈佛大學教授。他曾經在一份頂尖哲學期刊撰文，描述吸入「笑氣」（亦即一氧化二氮，N_2O）的經驗。[4] 笑氣被醫院用作麻醉劑，廚師常用的奶油槍的專用氣彈裏也裝載了笑氣。吸入笑氣會令人興奮，但詹姆斯竟然認為笑氣能幫助他瞭解黑格爾（Hegel）的哲學！生物化學家 Kary Mullis 因為發明聚合酶鏈鎖反應（PCR）技術而獲得1993年的諾貝爾化學獎，這項發明在現代生化技術中被廣泛應用。Mullis 有服用迷幻藥的習慣，他説服藥的經驗比他上過的任何一課更重要。Paul Erdős (1913–1996)是一位奇特的匈牙利數學家。他一生四處漂泊，長期寄居於世界各地的數學家朋友家中，共同合作研究。他活到八十三歲，發表了1,525篇合著論文，可能是數學史上的最高記錄。Erdős在母親過生後，開始服用安非他明（amphetamine，俗稱「冰」）來治療抑鬱症，卻發現這藥物對他的研究很有幫助。據説有朋友認為他染上毒癮不能自拔，於是和他打賭，看看他能否停服藥物一個月。雖然Erdős最後贏了賭注，但他説數學界的發展因此停頓了整個月。

　　提出這些例子，絕非是鼓勵大家吸毒。因好奇而染上毒癮甚至死亡的人，比比皆是。另外也有不少人服食毒品

3　見 Walter Isaacson. (2011). *Steve Jobs* (p. 384). Simon & Schuster.
4　James, William. (1882). On Some Hegelisms. *Mind*. 7(26), 186–208.

之後非但沒有快感，反而感到噁心和不適。長期吸毒極有可能損害身體健康和認知能力。只是，上述個案也顯示，有些頭腦清醒的人曾經服用毒品，並得到一些對他們來說是非凡的經歷。這些人也沒有糟蹋自己的生命或危害他人。既然如此，我們又有什麼理由去阻止他們呢？吸毒不是沒有危險，但跳降落傘同樣可以致命；吃河豚刺身，也不是沒有風險。如果有人因為吸毒上癮而毀掉一生，這是他們的選擇，政府為何有權干涉？基於這些考慮，阿根廷最高法院在2009年裁定，禁止服用大麻的法律違反憲法，因為成年人有自由選擇自己的生活方式，不應該受國家干預。

阿根廷法院提出的理據，與英國哲學家彌爾(John Stuart Mill, 1806–1873)的想法相近。彌爾認為，任何行為只要不傷害別人，都不應該受到限制。這個立場，通常稱為「傷害原則」(harm principle)。傷害原則在道德和政治哲學中無人不曉。根據這項原則，殺人放火會危害他人，所以法律可以禁止。不過，純粹為了某人的自身利益而干預這個人的行為，卻是不容許的。例如做運動和多吃蔬果雖然對身體有益，政府卻不能強逼市民這樣做。《經濟學人》(*The Economist*)是英國一份非常著名的政經週刊，有近二百年歷史。這份週刊也曾以傷害原則為理由，公開支持毒品全面合法化。[5]

---

5 檢自：https://www.economist.com/leaders/2001/07/26/the-case-for-legalisation

哲食之道

毒品與犯罪活動

　　毒品交易大多非法進行，所以毒品市場的規模難以計算。根據聯合國在 2005年的推斷，全球的毒品交易額每年超過三千億美元，佔全球經濟 GDP 的1%，與丹麥全國的 GDP相約。販毒能夠帶來豐厚的收益，犯罪集團自然不會輕易放棄。

　　與毒品有關的犯罪活動主要有四方面。首先，非法毒品必定造成一些結構性的罪行，例如貪污、恐嚇勒索，以及為了爭奪地盤而作出的暴力行為。第二，販毒的收益，可能助長洗黑錢、販賣人口和賣淫等犯罪活動。第三，有毒癮的人為了購買毒品，可能會偷竊、搶劫，又或被毒販操控，被迫參與非法活動。第四，吸毒者受藥物影響時可能會精神錯亂，傷害自己和他人。

　　毒品的禍害當然不止於犯罪活動。吸毒上癮影響工作能力，對經濟發展沒有貢獻。癮君子貽誤個人前途之餘，也會破壞家庭，甚至禍延下一代。治療毒癮和相關疾病會帶來額外的公共醫療開支，也有可能加重其他市民的稅務和醫療保險負擔。這些後果對不吸毒的人不公平，也可以說是間接傷害了他們。反對毒品的人可能會認為，吸毒後患無窮，所以傷害原則其實是支持禁毒的！

　　不過，以上的問題主要來自非法販毒和濫用毒品。這不能證明所有吸毒的人都會危害社會，以至於我們應該一刀切禁止所有毒品。危險的行為不一定要完全禁止，我們可以想辦法管理風險，減少傷害。開槍有可能傷及無辜，

但很多國家依然會批准市民在某些情況下管有槍械和彈藥。香港也有以真槍射擊的合法槍會。同樣，酒後駕駛和非法賽車會導致交通意外，我們卻不會因此禁止所有人駕車，只會懲罰魯莽和違法駕駛的司機。我們當然希望能夠解決毒品帶來的種種健康和社會問題，但全面禁毒是否最好的解決方法，要視乎實際情況和各項政策的利弊。

黃、賭、毒，自古以來都無法完全禁絕。禁毒不會令需求消失，毒品市場只會轉為地下活動。由於販毒是嚴重罪行，為了反映這方面的風險成本，毒品的價格和利潤勢必高昂。這將引誘黑社會以暴力手段搶奪市場，並賄賂官員。即使成功把毒販關押，也會有其他人來取而代之。若然毒品變成合法，又會怎樣？毒品合法化，供應將變得穩定，交易成本也會下降，毒品的價格應該會降低，質量也會提升。有了合法毒品，黑市毒品市場有可能因為買家大減而大受打擊，而非法買賣毒品直接和間接引致的犯罪活動也理應減少。所以，毒品合法化的結果，有可能是嚴重罪案減少而非增加！

當然，毒品合法化可能驅使更多人吸毒和上癮，以及傷害他們的家人。父母使用毒品，會增加子女吸毒的機率（雖然父母酗酒和吸煙也可能有這個後果）。不過，這些問題的嚴重性受很多因素影響，也視乎政府的教育和支援政策。禁毒令很多濫藥者不敢求助，躲起來吸毒時共用針筒，增加感染愛滋病和其他傳染病的風險。非法毒品的成份和純度不明，質素參差，有不少吸毒者因此中毒或服藥

哲食之道

過量而死亡。毒品合法化後，吸毒者受歧視的程度減少，會較願意坦承毒癮問題，並尋求戒毒服務，也不用擔心會因此被捕，毒品的禍害反而可能比較容易控制。

很多人相信，如果不全面打擊毒品，毒品氾濫會造成災難性的後果。只是，我們評估公共政策，要憑藉證據而不能單靠直覺判斷。[6] 美國曾經全面禁毒，但毒品問題依然猖獗。墨西哥是美國毒品的主要供應地。墨西哥自2006年開始利用軍隊加強對付毒販，但情況並無改善。執法人員的貪污問題反而更嚴重，平民和記者飽受暴力威脅，人權狀況也急速惡化。

我們也可以參考美國歷史上一段很奇特的禁酒時期（Prohibition Era, 1920–1933）。當時美國實施全國禁酒令，但禁令不但未能阻止市民飲酒，反而助長了非法的釀酒活動。黑手黨等黑幫趁機販買私酒，從中得益而壯大，使貪污和治安問題嚴重惡化。美國很多比較有規模和組織的黑社會，也是這樣起家的。假酒氾濫也導致很多人失明和死亡。禁酒政策飽受批評，後來終於被撤銷。近年印度的一些州份也因為酗酒問題而實施禁酒令，但效果成疑，亦有人因為喝假酒而死亡。印度的禁酒運動成效如何，大家不妨留意。

禁毒未必能夠減少罪案，監禁吸毒者亦非幫助他們康復的最佳途徑。濫藥是一種病態，吸毒者需要的是關心、

6　相關的經濟和政策分析可以參考Winter, Harold. (2020). *Economics of Crime : An Introduction to Rational Crime Analysis*. New York : Routledge.

治療和實質的支援。監獄裏不愁沒有毒品供應；性侵和欺凌在獄中也十分普遍。吸毒者大都教育程度偏低，出獄後因為有案底，找工作會很困難。很多人求助無門，結果是不能擺脫毒癮又或再次犯案入獄。監禁有子女的吸毒者也會製造破碎家庭，波及無辜的下一代，令他們更容易誤入歧途。還有，禁毒需要高昂的執法和懲教開支，定必分薄用於教育和輔導的資源。美國紐約市監禁一個囚犯一年的開銷，竟然超過哈佛大學四年的學費！[7] 現有的禁毒政策，是否真的是減少毒品禍害的最有效方法？

毒品非刑事化

毒品問題非常複雜，解決方案也並非只有全面禁毒和全面合法化兩種建議。合法買賣的商品，也可以實行不同程度的規管。限制最少的，便是容許在市場上全面自由交易。例如可口可樂、茶、咖啡和很多能量飲品都含有咖啡因。這些飲料除了要符合一般衛生條例以外，便沒有別的限制，小孩子每天喝十罐可樂也沒有違法。高濃度的咖啡因粉末，雖然可以令人上癮、中毒，甚至死亡，但在很多國家都可以隨意購買。

高一級的管制，會有年齡和情況的規限，例如酒精飲料只有成年人才能購買和享用，飲用後也不准駕駛。至於處方藥物，比如抗生素，更要獲得醫生批准才可以限

7　檢自：http://america.aljazeera.com/articles/2013/9/30/report-finds-nycinmatec ostalmostasmuchasivyleaguetuition.html

哲食之道

量購買。所以毒品合法化有不同模式，不一定容許完全自由買賣。

　　如果不贊成嚴厲禁毒，但又對毒品合法化有保留，毒品「非刑事化」（decriminalization）是一個折衷方案。「非刑事」不等同「合法」。刑事罪行通常較為嚴重，法庭裁定罪名成立後，除了會被判刑外，亦會留有刑事紀錄（俗稱「案底」）。如果毒品非刑事化，個人擁有和使用少量毒品依然屬違法，但不構成刑事罪行，不會留下案底，只需接受較輕的懲罰，例如繳交罰款或進行戒毒治療。不過，毒品非刑事化這項建議，通常只限於吸毒；販賣和製造大量毒品仍是嚴重的刑事罪行。

　　毒品非刑事化是國際大趨勢。葡萄牙的吸毒問題本來十分嚴重，但它在2001年決定實行毒品非刑事化。販賣毒品依然是刑事罪行，藏有少量毒品則不用坐牢，只會被判處社會服務令、接受戒毒治療，又或罰款了事。葡萄牙的吸毒問題並沒有因為這項新措施而惡化，年輕人的吸毒比率反而下降了，因吸毒而死亡和罹患愛滋病的人數也大幅降低。長期吸毒者佔整體人口的比率變得比美國還要低。2020年，美國俄勒岡州的選民也透過公投，表決支持所有毒品非刑事化。

　　1980年代瑞士的吸毒問題也很嚴峻，因吸毒感染愛滋病的個案不斷上升。瑞士改革毒品政策，強調治療與減少危害。政府甚至設立毒品注射室，免費提供海洛英和美沙酮（methadone），讓癮君子在安全而清潔的環境下吸毒。

毒品與甜品　　　　　　　　　　　　　　　　　　　　　　· 81 ·

當初很多人擔心這項措施會導致毒品問題惡化，但事實證明，政策推行後新增吸毒個案反而下降，非法毒品市場的規模也開始萎縮。

說起大麻，很多人會想起荷蘭的「咖啡館」。這些所謂「咖啡館」，其實是售賣和吸食大麻的場所。大麻和其他毒品在荷蘭並不合法，但荷蘭政府選擇寬鬆執法，容忍這些「咖啡館」繼續經營。不少鄰國人民如德國人和遊客也因此特地來荷蘭吸食大麻。近年一些荷蘭城市開始改變政策，只容許荷蘭本地人進入咖啡館。儘管如此，吸毒者佔荷蘭全國人口的比例，跟全面禁毒的德國差不多，而且比法國和許多國家要低。

不過，荷蘭的大麻政策有一個奇特之處，便是咖啡館雖然可以公開售賣大麻，但荷蘭政府卻嚴懲種植大麻的人。咖啡館的大麻，大多是非法而且是來自黑社會的。相反，美國不少州份近年開始推行大麻全面合法化，容許私人企業種植和售賣大麻及大麻產品，甚至發行股票上市。大麻產業在美國不斷發展，也創造了大量就業機會。大麻在加拿大現在也同樣合法。這些政策對社會治安和吸毒問題有何長遠影響，值得深入探討。

綜合不同國家的經驗，毒品非刑事化甚至合法化的後果，並非如人們想像般恐怖，可能更是利多於弊。當然，每個地方的情況不盡相同，一套政策在某國行之有效，不代表適合其他地方。例如新加坡的禁毒政策算是比較成功，國民的吸毒比例很低，也不見得有大型的毒品黑市。

哲食之道

不過，新加坡的禁毒政策非常強硬，販賣和藏有一定份量的毒品往往會被判死刑。新加坡的人口和面積較小，監控相對容易；而且新加坡政府的權力極大，絕大多數國民也似乎支持政府的強硬禁毒政策。可是，其他國家未必擁有這些條件。

家長主義

根據「傷害原則」，只要不傷害他人，任何人的自由都不應該受到限制。吸毒如果令人喪失理智，進而危害他人安全，理應阻止。販賣毒品如果涉及暴力行為，傷害原則也不會保障。不過，這些都不足以構成全面禁毒的理據。毒品合法化與政府監管沒有衝突。原則上，只要監管得宜，吸毒者可以繼續享有吸毒的自由，只要不侵犯其他市民的利益便可以了。

只是，很多支持禁毒的人並不接受傷害原則。他們可能認為，禁毒並非純粹防止吸毒者危害他人；禁毒的另一個主要理據，是為了吸毒者着想，阻止他們傷害自己。這一類想法，通常稱為「家長主義」（paternalism）。家長主義認為，在某些情況，一個人如果傷害自己的安全和利益，縱使是自願並且沒有危害他人，政府一樣可以限制他的自由。

反對家長主義的人認為，自由是很重要的基本價值。「不自由，毋寧死」這句話大家想必耳熟能詳。如何運用自由過此一生，那是見仁見智。政府官員不一定比我們聰明，我們也沒有理由相信政府比我們更清楚什麼才是豐盛

人生。如果容許政府強逼我們做自己不喜歡的事，那只會成為政府濫權的藉口，最終損害了廣大市民的利益。

對於這些批評，有人可能會這樣回應：「任由政府干預市民的自由，當然很危險。不過，有些行為顯然對自己有害，爭議性不大。例如適齡兒童必須接受教育，沒有人會反對。很多國家也會強逼私家車司機佩戴安全帶，電單車司機戴頭盔。另外，世界各國都已立法禁止奴隸制度，就算是自願售賣自己成為別人的奴隸也是不容許的。這些法規都是基於家長主義，而不是傷害原則。」

這些例子，能否證明我們也應該引用家長主義而禁毒？傷害原則通常只適用於心智成熟、能夠理性思考的成年人，而不包括兒童或喪失理智的人，所以強迫兒童接受教育並非傷害原則的反例。至於禁止一個人自願成為奴隸，首先這是要避免有人因為頭腦不清醒而做錯決定。此外，奴隸沒有自由，就算是他想從事一些不會傷害別人的行為，也會永遠受到限制，這也是違反傷害原則的。[8] 至於有關頭盔和安全帶的法例，確實難以運用傷害原則解釋。首先，私家車司機決定不佩戴安全帶，不是因為心智不成熟或欠缺理性，而可能只是懶惰和貪方便。有些人或會認為，司機不佩戴安全帶會更容易受傷，加重醫療系統的負擔，那便會傷害其他市民，所以也違反傷害原則。不

---

8 更詳細的討論可以參考 Archard, D. (1990). Freedom Not to be Free: The Case of the Slavery Contract in J. S. Mill's *On Liberty*. *The Philosophical Quarterly*, 40 (161), 453–465. 還有 Brink D. (2013) *Mill's Progressive Principles*. Oxford University Press.

過，如果接受這個論據，似乎我們同樣也應該禁毒，以免增加醫療開支。也許較好的回應是退一步，接受在某些特殊情況，我們可以放棄傷害原則而遵從家長主義。強逼佩戴安全帶和頭盔對自由的限制非常輕微，經濟成本也低，但卻可以為社會帶來很大的好處，能減低醫療開支和救回許多性命。由於效益明顯遠高於成本，所以這個例外情況是可以接受的。

　　不過，禁毒的成本效益比率並不一樣。正如之前的討論所言，全面禁毒的代價極大，而且效果成疑。很多所謂毒品，不是一面倒的有害無益。不少毒品有正面的醫療效果，例如很多人聲稱服用微量的LSD，並不會產生幻覺，反而可以改善情緒和焦慮症狀。迷幻蘑菇的活性化學成份裸蓋菇素（psilocybin），通常被歸類為非法毒品，但對改善抑鬱症很有幫助，而且副作用遠少於一般的處方藥物。[9] 癌症患者很容易會患上嚴重的焦慮或抑鬱症，裸蓋菇素能夠減輕負面情緒，促進樂觀心態，改善生活質素。[10] 另外，裸蓋菇素好像也可以幫助戒煙。更有趣的是，不少人服用裸蓋菇素後會經歷深刻的神秘經驗，為他們的性格帶來正面的改變，生活更快樂。[11] 大麻也深富醫療價值，可以緩

9　Johnson, M. W., & Griffiths, R. R. (2017). Potential Therapeutic Effects of Psilocybin. *Neurotherapeutics*, 14(3), 734–740.

10　Griffiths, R. R., Johnson, M. W., Carducci, M. A., Umbricht, et al. (2016). Psilocybin produces substantial and sustained decreases in depression and anxiety in patients with life-threatening cancer: A randomized double-blind trial. *Journal of Psychopharmacology*, 30 (12), 1181–1197.

11　Griffiths, R. R., Richards, W. A., Johnson, M. W., McCann, U. D., & Jesse, R.

解各種痛楚、噁心和肌肉痙攣等情況。大麻有助戒酒，也可用來替代其他比較危險的毒品，而大麻帶來的傷害亦遠比酒精為小。[12]

另外我們要考慮的是，毒品種類繁多，性質各有不同，有些毒品較易上癮和對健康造成較大的傷害。其他毒性沒有那麼強烈的，例如大麻和搖頭丸，通常稱為「軟性」毒品。服用軟性毒品並非沒有可能上癮，但這些毒品的依賴性比較低。制訂毒品政策的時候，我們應該把不同種類的毒品分開處理。支持大麻合法化的，不一定贊同寬待海洛因和可卡因。

很多支持禁毒的人相信，毒品就是毒品，禁毒一定要全面，不能有例外情況。軟性毒品好像不太危險，但這些「入門毒品」（gateway drugs）只會降低吸毒者的警覺性。吸毒者服用之後，會因為好奇心或為求更刺激而服用更危險、更易上癮的硬性毒品，最後不能自拔。

有數據顯示，服用大麻的人有較大機率使用硬性毒品，不過吸煙和飲酒的人也是如此。況且，有相關性不代表有很強的因果關係。可能某種性格的人會對毒品較易產生興趣，所以嘗試大麻後也會嘗試其他毒品。另一個可能性是非法售賣大麻的毒販為了賺取更多金錢，會向用家推

(2008). Mystical-type experiences occasioned by psilocybin mediate the attribution of personal meaning and spiritual significance 14 months later. *Journal of Psychopharmacology*, 22 (6), 621–632.

12 Lucas, P., Walsh, Z., Crosby, K., et al. (2016). Substituting cannabis for prescription drugs, alcohol and other substances among medical cannabis patients: The impact of contextual factors. *Drug and Alcohol Review*, 35(3), 326–333.

銷各式各樣的毒品。如果這是實情，讓商店合法售賣大麻反而能夠預防這種情況；就算它們私下兼售違禁毒品，也應該比較容易發現和制止。

有科學研究指出，青少年長期服用大麻，會影響大腦發育。不過大麻確實為很多人帶來寶貴的經驗。著名天文學家及科普作者薩根（Carl Sagan）有吸食大麻的習慣。他認為大麻除了令他心情愉快，更有助他欣賞和理解藝術。大麻亦給他帶來很多深刻的體會和洞見，以及一些寶貴的友誼。蘋果電腦的喬布斯說他服用LSD的經歷，令他更肯定人生在世不應該只是追逐錢財，而是要做一些偉大的事，貢獻社會。很多政客和商人唯利是圖，若果大麻能夠令他們的目光放遠一點，這個世界可能會變得更為美好。

我們當然不應該刻意美化毒品，但我們也不能抹煞人們從毒品所得到的正面經驗。毒品會否令人上癮，除了生理因素外，也視乎吸毒者的生活和社會環境。研究毒品的美國學者Carl Hart指出，就某些毒品而言，大約八成的使用者都不會上癮。[13] 聯合國世界衛生組織曾經在1990年代進行有史以來最大型的全球性海洛英調查。研究發現煙草和酒對社會的危害遠比海洛英嚴重。海洛英的禍害只限於少數的極端使用者；偶然使用海洛英的人當中，只有少數會經歷不良後果。這份報告因為遭到美國強烈反對，所

---

13 請參考 https://www.nytimes.com/2013/09/17/science/the-rational-choices-of-crack-addicts.html 以及 Carl Hart. (2013). *High Price*. Harper.

以最後沒有發表。[14] 近年有幾位美國總統，例如克林頓、「小布殊」和奧巴馬，年輕的時候都試過吸毒，但也不見得因此前途盡毀。

　　要強調的是，我在這裏絕對不是鼓勵大家吸毒，而是希望各位讀者可以更為全面地思考禁毒的理據。毒品當然帶來很多禍害，但這些禍害某程度也反映了社會的深層問題。Carl Hart雖然認為毒品的害處經常被誇大，但他也同意，一個人如果感到生活沒有意義和欠缺希望，依賴毒品的機率便會增加。數十年前曾經有一個著名的「老鼠樂園」實驗，讓老鼠選擇飲用含有嗎啡（morphine）的水或清水，結果被單獨囚禁於窄籠內的老鼠選擇前者；相反，群居的老鼠放在一個寬敞且佈滿玩具的空間，便會主要飲用清水。這項研究引起了極大爭議，實驗方法也受到質疑。不過整體來說，很多科學家都同意，吸毒會否上癮，以至上癮後能否成功戒毒，也要考慮環境因素。採取嚴厲的禁毒政策，把毒品視作洪水猛獸，而不正視貧窮、歧視、失業、工作壓力等問題，並非消除毒品禍害的最佳方法。

嗜煙酗酒

　　嚴格來說，煙草和酒也是毒品。如果我們接受家長主義，支持禁毒，我們是否也應該禁煙禁酒？吸毒損害自身

14　這份報告現在可以在維機解密（Wikileaks）網站找到。有關報道請參考：https://www.theguardian.com/commentisfree/2009/jun/13/bad-science-cocaine-study。

哲食之道

健康，意識迷亂或會威脅他人安全。這些問題都會衍生額外的社會服務及醫療開支。毒品研究專家曾經評估各類藥物對公共健康的負面影響，綜合成一個傷害指數。研究發現，迷幻藥和搖頭丸（ecstasy）的傷害指數較低，在10以下。氯胺酮（俗稱「K仔」）大概是15，大麻是20，安非他明是23。煙草和可卡因都接近30，海洛英超過50，但傷害指數最高的是酒精，達到72！[15]

無可否認，酒精比很多毒品更危險。酗酒經常引發家庭暴力和性侵，酒後駕駛也會導致交通意外。在高收入國家，有20%死於車禍的司機血液酒精含量超標，在其他國家更可能高達69%！[16]飲酒增加癌症、心臟病和肝硬化的機率，同時亦提升自殺的風險。在美國，每年大概有九萬人因酒精而導到死亡，比非法使用毒品而喪生的個案，多出差不多五倍。全球每年約有三百多萬人因飲酒而死，佔每年總體死亡人數約6%。

飲酒可以令人放鬆心情，暫時忘卻煩憂，又或克服焦慮和恐懼。毒品也有類似的功能。也許有人認為酒的社會和文化地位與其他毒品不一樣，是以即使酒精比毒品更危險，卻不應該禁絕。

人類釀酒的傳統，起碼有數千年歷史。法國葡萄酒、蘇格蘭威士忌、德國啤酒、日本清酒，全屬人類的文化遺

---

15 Nutt, D. J., King, L. A., & Phillips, L. D. (2010). Drug harms in the UK: a multicriteria decision analysis. *The Lancet*, 376 (9752), 1558–1565.

16 檢自：https://www.fred.org.hk/uploads/files/2019/fred_Infographic_chi_0312.pdf

產。中國的詩詞歌賦，很多都與酒有關。社交聯誼、節日慶典和宗教祭祀很多時候都會有酒。《約翰福音》第二章記載耶穌的第一件神蹟，便是在婚筵中把水變為酒。耶穌與門徒在最後晚餐也是一同喝酒，耶穌更以酒代表自己的血。

　　酒雖然是人類文化的一部分，但文化傳統不一定要保留。如果軟性毒品的禍害比較少，為什麼不用它們來代替酒精？其實很多地方的傳統習俗，也跟一些草藥類的毒品不無關係。最近考古學家發現，有個公元前七百多年的以色列祭壇，表面有燒焦了的大麻殘留物，大麻可能用於當時的宗教儀式。嚼檳榔在印度及東南亞歷史久遠，也是台灣的特色之一。澳洲原住民也有類似的習慣，不過他們咀嚼的是含有尼古丁的皮土里（pituri），據說有助消除飢餓和疲勞的感覺。非洲有一種所謂「巧茶」，又名「阿拉伯茶」（khat），效果類似安非他明，常見於社交場合。南美有很多國家都會用古柯葉（coca leaf）來泡茶或放在口中咀嚼，可以提神。古柯葉正是提煉毒品可卡因（cocaine）的原材料。根據報導，可口可樂的名字也是來自古柯葉。可口可樂原本確實混有可卡因，現在雖已棄用，但汽水依然含有古柯葉的萃取物。南美亞馬遜河流域的巫師在通靈時會服用一種藥用植物「死藤」（ayahuasca），裏面含有大量的迷幻藥物DMT。有研究認為DMT對改善抑鬱症大有功效。服用DMT的經歷與瀕死經驗有不少相似之處，近年也因此吸引了很多好奇的遊客遠赴亞馬遜一嘗通靈之旅。

哲食之道

以上藥物大家未必認識，但香煙裏面的煙草卻是十分普遍。吸煙是肺癌的最主要成因，也可以導致口腔癌、喉癌、食道癌。吸煙也會增加心臟病、支氣管炎、肺氣腫、肺炎、各種血管疾病和中風的機率。咳嗽、胃潰瘍、骨質疏鬆、陽萎，也可以和吸煙有關。聯合國估計，全球每年約有八百多萬人因吸煙而死亡，其中有過百萬人死於二手煙。煙草公司曾經長期隱瞞有關煙草禍害的研究，粉飾香煙中尼古丁和焦油的真實含量，刻意誤導公眾。如果我們接受家長主義，為了健康的緣故禁毒，為什麼不同時禁煙？

　　有些人可能同意：政府除了禁毒，也應該禁煙禁酒。[17]不過，這個比較極端的立場，相信很難獲得市民的支持。美國當年的禁酒政策成效存疑，也帶來嚴重的治安問題。況且，對很多人來說，酒精能夠減壓，也是社交場合不可缺少的潤滑劑。如果真的要完全禁絕煙酒，那麼垃圾食物、賭博、高危運動是否也應該禁止？禁與不禁的界線，誰來定斷？西方有一句諺語：「通往地獄之路往往是由善意鋪成」（The road to hell is paved with good intentions）。政府一旦擁有過大的權力，便容易濫權和打壓人民。煙酒和毒品不是沒有禍害，但難道這些問題沒有更好的管理方法？

垃圾食物

　　社會關注毒品，主要是因為毒品危害健康，但有害的食物，我們又是否應該禁止？例如反式脂肪（trans fat）是

17　多謝王邦華提醒我討論這項回應。

一種不飽和脂肪。牛奶、牛油、芝士和忌廉等奶類製品通常含有天然的反式脂肪，適量攝取據說對身體有益。至於工業生產的反式脂肪，主要見於氫化植物油，普遍用於加工食品。很多零食、烘焙和油炸食品都含有反式脂肪。人工反式脂肪比牛油便宜，也能讓食物保存更久。餅乾用反式脂肪取代牛油，可以把保質期從30天延長至18個月！不過，攝取過量的反式脂肪，會增加身體的壞膽固醇，以及中風和心臟病的風險。台灣、丹麥、冰島、瑞典、瑞士等地均已全面禁止在食品加入人工製造的反式脂肪。世界衛生組織也呼籲停用人造反式脂肪，協助對抗心血管疾病。香港的消費者委員會、多個醫學和營養師團體均表示支持。奈何香港和中國至今還沒有立法禁止。如果禁毒是為了健康，為什麼不禁絕人工反式脂肪？

有人認為反式脂肪與毒品大有分別。反式脂肪雖然對身體無益，但卻不會令人上癮，我們只須盡量避免。只是，毒品和有害食物的界線並非壁壘分明，酒精和咖啡因便是例子。很多人如沒有咖啡提神，根本就不能正常工作。另外，近年癡肥和其他來自飲食的健康問題日益嚴重，有科學家認為「食物上癮」是成因之一。全球現有近三成的人超重或肥胖。過度肥胖會增加患上多種嚴重疾病的風險，例如糖尿病、血壓高、冠心病、心臟病和癌症，也會影響個人自尊和精神健康，削弱工作能力。這些問題會帶來龐大的額外醫療開支以及打擊經濟

除了反式脂肪，很多零食也加添了大量的鹽、糖和脂

肪，令食品更美味。人體的正常運作需要鈉（sodium），而且必須透過食物和食鹽來攝取。糖和脂肪則能量密度高，在生活困苦的遠古時代特別寶貴，所以人類的進化歷程令我們分外嗜吃糖和脂肪。時至今日，我們與古人的基因分別不大，但食物的來源卻起了翻天覆地之變。食品公司為了增加產品的吸引力，大量提高加工食物內的鹽、糖和脂肪含量，以及改良食物的口感，務求研發出所謂「超好味」（hyperpalatable）的食品。這些超好味食品，包括很多垃圾零食和快餐食物。雖然它們可能令人回味無窮，但往往只有熱量而營養欠奉，大量進食對身體有害無益。

問題是，這些超好味食品實在太誘惑。偏愛這些食品的人，他們的心理狀況與吸毒者有很多共通點，例如吃不到的時候可能會感到煩躁不安。嗜食的慾望可以令人不能自拔，就算知道會損害健康也難以控制食量。患有暴食症的人，大腦的獎賞系統（reward system）與染上毒癮的人一樣出現失調。很多現代人的飲食模式，過度依賴加工食品。全球每年估計有一千一百萬人因不良飲食習慣而死亡，遠高於吸煙或吸毒致死的人數。[18] 除了飲食習慣以外，欠缺運動也可以增加患上高血壓、糖尿病、乳癌、腸癌和抑鬱症等病的機率，整體死亡風險提升20–30%。全球每年約三百多萬人因此致死。

---

18 GBD 2017 Diet Collaborators. (2019). Health effects of dietary risks in 195 countries, 1990–2017: a systematic analysis for the Global Burden of Disease Study 2017. *The Lancet*, 393 (10184), 1958–1972.

根據家長主義，政府有權借助法律，為保護市民本身的利益而干預其自由。干預可分為強制性和非強制性的手段。強制性（coercive）手段是以武力、刑事檢控和其他較強硬的方法強迫改變行為。很多接受家長主義的人會同意運用強制性手段禁毒，但卻強烈反對政府干預市民的飲食習慣。美國近年開始容許售賣大麻，但其他毒品基本上是禁止的。美國每年約有一萬五千多人死於服用過量可卡因，與每年被槍殺的人數相約，但很多美國人依然相信擁有槍械是一項不容侵犯的基本權利。

　　要落實家長主義，也可以採用非強制性的手段，比如透過徵稅、教育、提供優惠等手法誘導市民作出有益的行為。大部分國家都開徵了煙草和酒精稅，俗稱「罪惡稅」（sin tax）。罪惡稅的目的是鼓勵市民減少某類消費，同時也利用稅收來填補這些行為所造成的社會成本。類似的方法能否用來處理肥胖症？

　　1942年，美國生理學家Anton J. Carlson提倡向超重的人額外徵稅。世界衛生組織也曾經建議政府向垃圾食品徵稅，以化解肥胖症問題。垃圾食品通常含有過量脂肪、糖或鈉。法國、丹麥、芬蘭、墨西哥，以及美國的一些州份會對汽水和某些添加糖分的飲品徵收額外稅款。有些地方甚至禁止學校販賣這些飲品。

　　向垃圾食物徵稅可以增加政府收入，但也需要考慮很多因素。如果稅率太低，便改變不了消費行為。高稅率對富裕階層影響輕微，但卻可能對基層市民不公平，因為他

們的食物支出佔比較高。高稅率也可能打擊小商店和令市民反感。丹麥在2011年推出的脂肪稅便不得民心。牛油加價了,很多人轉買比較便宜的牌子,甚至駕車到鄰國德國購買避稅。結果脂肪稅推出不到兩年便撤回了。

　　另外,食物徵稅的安排必須小心設計,多管齊下。垃圾食物吸引力大,而健康食品很多時候較為昂貴。如果只是向高脂肪食物徵稅,市民未必會多吃蔬果,可能反而會多買鹽糖過量的食物。總體來說,垃圾食物稅的成效,需要各方面的政策配合,也需要更詳細的研究和評估。

依賴與上癮

　　毒品成癮會危害健康,垃圾食物也一樣,但世上令人上癮的事物,又何止這兩樣東西?人可以沉溺於酒色、權力、賭博和名利,有些人甚至是「工作成癮」。世界衛生組織最近把沉迷電腦遊戲列作一種精神疾病,稱為「電玩失調症」。青少年通宵玩網上遊戲而猝死也時有所聞。

　　「癮」是一種慾望。當慾望失控變得難以自拔,損害身心健康,我們通常便認為這是「上癮」。所以要說一個人是否上癮其實很多時候是一種價值判斷,視乎慾望有沒有造成破壞。染上毒癮可以令我們失去生命中有價值的東西,但如果追求名利的心癮能帶來成就,例如創造了新的科技或藝術品,這個「癮」,便變成了難能可貴的「堅持」和「毅力」。

　　英國首相邱吉爾,在二次大戰領導英國對抗德國的

侵略，廣被視為偉大和勇敢的領袖。[19] 邱吉爾的酒量十分驚人，早餐經常會飲用德國霍克甜酒（hock），午餐和晚餐必定會有紅酒或香檳。邱吉爾最喜愛的香檳牌子是Pol Roger。這家酒莊估計邱吉爾一生總共享用了四萬多瓶他們的香檳。不過，邱吉爾每天飯前飯後還會飲威士忌和拔蘭地，就算是平常飲水，也是加了Johnnie Walker威士忌的梳打水。很多人因此以為邱吉爾酗酒成性，但這似乎並非事實。認識邱吉爾的人都認為他非常勤奮，而且精力充沛，邱吉爾也自言十分鄙視飲醉酒的人。看來邱吉爾充其量只是對酒精有所依賴，但他的飲酒習慣卻未至於嚴重削弱他的工作能力。邱吉爾有一句名言：「我從酒精所得到的，遠比酒精從我身上拿走的多。」

有些人認為，依賴酒精、藥物或任何東西都是壞事，代表缺乏獨立自主的能力，是一種性格缺陷。不過，依賴可以有不同的種類和程度。咖啡因可能是全世界最多人依賴的藥物，很多人起床後都習慣飲一杯咖啡或茶，借助咖啡或能量飲品來提升工作效率的人更是不計其數。依賴藥物，其實是現代都市人的常態。

人非孤島，自主不等同孤獨和脫離社群，能夠在各方面都完全自給自足的人實在少之又少。成長和自我改進，往往需要別人的支持和引導。這種依賴相信沒有人會批評。遺憾的是，世間太多荒謬、不幸和不公義的事情。有些人充滿正能量，永遠以樂觀心態面對逆境。他們可能擁

---

19 不過，也有很多人批評邱吉爾維護殖民地主義，是個種族主義者。

哲食之道

有高超的修為，但也可能只是幸運，因緣際遇造就了堅毅不屈的樂天性格。對其他人來說，困苦的日子往往舉步維艱。酒精、藥物、運動、電腦遊戲，甚至是食物或宗教信仰，都是慰藉心靈的途徑。也許關鍵正如邱吉爾所言，到底是我們從這些東西所獲得的多，還是它們從我們身上拿走的多。我們縱使不是癮君子，也可能過分依賴某些事物，或貪戀一些錯誤的價值。如何借助慾望推動自己向前邁進而不被支配，人世間又有什麼美善應該執著，這些都是每個人要誠實面對的問題。

討論

1. 有人把「毒品」定義為「任何一種令腦部功能改變而導致異常情緒或行為的化學物質」。你認為這是否一個合適的定義？

2. 有專欄作家曾寫道：「上癮也者，一種習慣了的行為，明知不應該做，也身不由己地去做。」這又是不是一個適當的定義？

3. 「我們不應禁毒，因為完全禁止吸毒是沒有可能做到的。」這個論據有什麼問題？

4. 很多人熱愛足球，但踢足球有可能導致嚴重的腦震盪，對大腦造成永久的傷害。支持禁毒的人，是否應該支持禁止踢足球？

5. 有沒有一些合理的理由支持禁毒，但又容許(1)吸煙、(2)飲酒，和(3)在食物加入人造反式脂肪？

6. 你是否同意傷害原則可以解釋為何應該禁止一個人自願成為別人的奴隸？政府阻止人自殺，與傷害原則是否有衝突？

7. 有些藥物有助集中精神，甚至改善記憶和認知能力。既然學生溫習和應付考試時可以飲咖啡，那是否也應該准許他們服用這些藥物？另外，現在整容愈趨平常。如果改變自己的相貌沒有問題，法例是否也應該容許以藥物和手術改造自己的認知能力？

8. 美國生理學家Carlson曾經建議向超重的人額外徵稅，你覺得是否公平，有什麼反對的理由？

哲食之道

6

基因改造食物

　　基因改造食物現已十分普遍，但卻依然遇上很多反對聲音。歐盟曾有調查發現，有六成市民對基因改造食品感到不安，只有兩成人認為這些食物不會損害健康，應該繼續發展。[1] 2013年中國政府批准進口基因改造大豆，在國內引起很大爭議。當時農業部有官員公開表示，公眾對基因改造食品的質疑源於無知。[2] 到底實情是否如此？

　　生物進化會改變基因，這是科學事實。至於人工改造動植物的基因，主要有兩種方法。第一是「選拔育種」（selective breeding），先挑選一些生理特徵良好的個體，讓它們交配產生下一代。擁有相同特徵的後裔，可以用來繼續繁殖，然後不斷重複這個過程，希望這些特徵能夠遺傳下去甚至加強。選拔育種是傳統技術，至少有數千年歷史。今天所有基本穀物，例如玉米、稻米和小麥，都是用這個方法把野生植物改造而成。西瓜原本又苦又硬，但經過歷代改良後變成甜美多汁。各種家禽牲畜今天的習

1　這是 2010年的民調。檢自：https://ec.europa.eu/commfrontoffice/publicopinion/archives/ebs/ebs_341_en.pdf

2　檢自：https://www.chinadialogue.net/blog/6120-China-s-GM-soybean-imports-stir-up-controversy/ch

性和模樣，都是人為選拔的結果，狗也是野狼馴化而成的後裔。

選拔育種是間接地改造基因。近年飽受爭議的基因生物，則是利用生化技術，在實驗室直接改變動植物細胞內的遺傳基因，令它們產生新的生理特徵。有一種很普遍的Bt玉米，便是把細菌的基因植入玉米，令玉米製造出能夠殺死某些害蟲的蛋白質。

基因改造農作物的商業化始自二十世紀末。這類農作物所佔的耕地面積近年不斷擴大，在美國、阿根廷、巴西、加拿大、印度和中國尤其普遍。美國的大豆、玉米和棉花，有九成以上都是改造過的品種。至於基因改造動物，則多是作實驗用途，例如研究癌症便經常會採用一些基因有毛病的白老鼠。不過，有公司已經成功開發出可供食用的基因改造三文魚。2016年加拿大衛生部批准這些三文魚在市面出售，而且售賣時不必另行標籤。看來基因改造食物只會越來越普遍，這是否一件好事？

扮演上帝

很多人認為改造基因違反道德，因為混淆了物種(species)之間的界線。不少教徒相信只有上帝才能掌管生命的演化，改造基因是僭越上帝的行為。

不過，現代社會有不同宗教，很多人甚至沒有宗教信仰，所以宗教不應該是釐定公共政策的基礎。此外，就算是信奉同一宗教，對教條的演繹也不盡相同。也許上帝給

哲食之道

予人類基因工程技術，是為了讓我們以此造福社會？

事實上傳統的選拔育種也會改變基因。很多人偏愛純種狗，例如認為臘腸狗的身型趣致可愛，但人類刻意繁殖這些品種，為何不算在扮演上帝？當然，繁殖狗隻只涉及單一物種，得出來的依然是一隻狗；基因改造則可能混合不同物種的基因。不過，何以物種的界線在道德上這麼重要？有論者認為混合物種違反自然，但違反自然有什麼問題？穿衣服、染髮、避孕、移植器官、登陸月球也並非自然，但卻不見得是錯的。

況且，不同物種雜交也絕非罕見。「恐龍蛋」(plumcot)是美味的水果，但卻是李(plum)及杏桃(apricot)的混種。韓國柚子(yuzu)據說也是橙和柑雜交而成的。至於雜交而得的動物，最為人認識的應該是刻苦耐勞的騾子了。騾子是公驢和母馬的後代。雖然牠是雜交種，但有些騾子卻竟然擁有生育能力。除了騾子以外，雜交所生的動物還有獅虎(liger，獅父虎母)與虎獅(tigon，虎父獅母)。

可能有人會回應，李和桃、驢和馬、老虎與獅子，這些都是相近的物種。現代基因改造技術，卻把截然不同的生物基因混合，極度違反自然。例如北極比目魚和番茄，一個是魚一個是植物，但科學家卻嘗試把它們的基因結合，製造耐寒番茄。很多人反對這類實驗，認為是在創造怪物。

不過，兩種生物是否相似只是程度之分，也要視乎比較的標準。有些基因是蛋白質編碼基因，用來控制蛋白質

的合成與複製過程。果蠅有接近六成的蛋白質編碼基因與人類的一樣，老鼠則有八成左右。科學家相信，人類有不少基因是從細菌或者病毒加插進來的。

轉移基因要克服很多技術問題，例如怎樣準確控制植入基因的目標位置。不過基因改造技術，近年不斷有新突破。新的CRISPR「基因剪刀」技術可以直接把特定的基因列序切除，整個過程甚至不需要抽取另一種生物的基因。白蘑菇有一種多酚氧化酶的物質，令蘑菇很容易因為碰撞而變黑和腐爛，影響賣相。科學家以CRISPR剪去白蘑菇的一些相關基因，成功降低酶的活性，延長蘑菇的保質期。美國農業部在2016年更宣佈這種蘑菇因為沒有外來物種的基因，所以不會特別監管。

反對改造基因的一個常見理據是不應該混合不同物種的基因，但這項批評對CRISPR卻並不適用。CRISPR不一定應用於食物，有研究遺傳病的中國科學家以此修改人類胚胎。科學家也希望研發比CRISPR更精準的編輯技術，以便隨意增加和刪減個別基因，猶如電腦文書應用程式的「尋找與取代」（find and replace）功能。如是者，任何自然產生的基因突變，在實驗室也可以複製出來，毫無分別。這些技術肯定影響深遠，並會引發一連串的道德問題。

權衡利弊

認為基因改造食物違反自然，僭越上帝，是原則上反對基因改造。不過，就算改造技術原則上沒有道德問題，

我們也要考慮實際效益。支持和發展基因改造食物與否，是一項公共政策決定。要決定一項公共政策應否推行，通常會運用成本效益分析（cost-benefit analysis），簡單來說便是平衡實際利弊。支持基因改造食物的人認為，這種生化技術縱有風險，但卻有很多好處：

- 提高生產力：基因改造生物生長快速，而且更能抵禦病毒和害蟲。基因改造三文魚，比普通三文魚長得更快更大；改造過的Bt棉花，加入了殺死害蟲的基因，可以提升產量。
- 保護環境：提升生產力能夠減低開發農地的壓力，有助保護水土資源。基因改造植物耗用較少農藥和除草劑，環境污染較小。科學家也希望利用基因改造生物分解廢物，又或應用於再生能源等綠色項目。
- 化解糧食危機：要解決人口膨脹和飢餓問題，便必須增加糧食供應。另外，肉類需求隨經濟增長而上升，所以也要種植更多農作物作為飼料。與此同時，氣候暖化將會嚴重威脅農業，基因改造技術能夠令植物更耐得住乾旱和溫度波動等環境因素，確保糧食供應能夠維持下去。
- 協助發展中國家：基因改造技術能增加產量，農民得以改善生計。發展中國家也可藉此加強競爭力，促進經濟發展。經改造的農作物如果能夠在原本不適合耕作的土地生長，便能更有效地利用土地資源。

- 提高食物質素：基因改造技術可以改善食物的色香味和延長保質期，降低生產成本，消費者自然得益。
- 促進健康：基因改造生物可以添加營養成份。例如把水仙花的基因植入大米，製造含有ß–胡蘿蔔素的「黃金大米」，進食者便不會缺乏維他命A了。科學家也可以利用改造技術，減少食物中有損健康的物質，例如飽和脂肪以及致敏原。

　　基因改造農產品看來好處眾多。不過，反對者認為這些好處被誇大了，而且代價高昂。他們相信，農業應用的基因改造技術，長遠來說是風險高而且弊多於利，得益者只是大財團而不是發展中國家。這些質疑是否合理？

　　基因改造技術通常由大型生化企業開發，生產出來的植物種子往往有專利權保護，不能隨意使用，農夫購買的只是使用權而非種子本身。使用權可以有很多附帶條件，例如農民必須向供應商購買專用的肥料和除草劑，收成後繁殖出來的新種子也不能保存和販賣。環保組織認為，種植基因改造農作物的成本不菲，種子公司獲利甚豐，貧困農民的生計卻得不到改善。

　　這些公司的回應是，投資科研要承受莫大風險。如果商人不能賺取恰當利潤，沒有特許專利和知識產權的保障，便沒有誘因研發新科技，對社會整體沒有好處。況且專利權通常只能享用數十年，不能永遠延續。限期過後，其他人可以免費利用這些研究成果。至於基因改造技術能

否改善農民的經濟狀況，有研究認為整體上是可以的，但卻視乎很多輔助條件，例如借貸機會和技術支援。[3]

　　增加糧食供應，是個迫切的目標，但要達到這個目標，是否只能依賴基因改造植物？種子只是農業生產的其中一環，改造種子以外，還有很多途徑可以提高生產力。植物如何有效地吸取養份，當中涉及很多不同因素的相互作用，單純改變一兩個基因未必是最佳辦法。有科學家認為以數據分析輔助傳統的選拔育種反而更有成效。[4] 至於種植方法，近年有學者開發「水稻強化栽培系統」（system of rice intensification method，簡稱SRI）。這套稻米種植法，主張通過減低種植密度和改善泥土質素來大幅提高產量，同時減少化肥、農藥和水的用量。雖然這套方法需要較多勞動力，但資金和高科技的需求不高，所以非常適合發展中國家的小農戶，提升產能之餘又能保護環境。近年也有人把這種技術應用於小麥和甘蔗等植物。[5]

　　在貧窮國家，農民的困難並非只是欠缺技術。運輸網絡、教育、戰爭、貪污腐敗同樣可以影響他們的生計。還有一個外在的大問題，便是富裕國家經常大力補貼本地農業：這些政府會按農場的面積或產量提供金錢援助，又或當農產品價格低於目標價時向農民發放補貼，甚至購入

3 　National Academies of Sciences, Engineering, and Medicine. (2016). *Genetically Engineered Crops: Experiences and Prospects.* Washington, DC: The National Academies Press.

4 　檢自：http://www.nature.com/news/the-race-to-create-super-crops-1.19943

5 　美國康乃爾大學這個網站有很多關於 SRI 的研究和資訊：http://sri.ciifad. cornell.edu

農產品。這些干預市場的措施理論上是為了國家安全，保護糧食供應，但巨額補貼變相幫助本國農民以低廉價格向發展中國家傾銷，得益者通常是擁有大量土地的財團和企業。另一方面，發展中國家接受外國的經濟援助時也經常被迫開放農產品市場，降低進口關稅。貧困國家的農民無法競爭，貧窮和饑荒問題也更難解決，形成惡性循環。有批評者認為，推廣和發展基因改造食物，是新自由主義（neo-liberalism）的手段，那只是以開放市場為藉口，打擊公平貿易，為大財團牟取暴利，卻加劇了貧富懸殊。

　　基因改造農作物對環境又有什麼影響？這些農作物如能殺死害蟲，農夫確實可以減少使用化學殺蟲劑。不過，物競天擇，害蟲也可以演化新的防禦能力。例如Bt棉花是用來應付棉鈴蟲，不過能夠抵禦Bt的棉鈴蟲近年卻在世界各地不斷滋長。另一個問題是，基因改造農作物的殺蟲功能通常只能針對個別害蟲。Bt棉花殺死了棉鈴蟲，卻不能消滅棉花的第二號敵人盲蝽蟓，結果盲蝽蟓頂上成為棉花和其他農作物的大患。這個問題在種植Bt棉花的地區尤其嚴重。[6]

　　耕作除了要應付害蟲，也要處理雜草，避免雜草搶走農作物所需的養份。人手拔草費時和辛苦，用化學除草劑較為方便。草甘膦（glyphosate）是常見的除草劑，但容易傷

6　Lu, Y., Wu, K., Jiang, Y., Xia, B., Li, P., Feng, H., ... & Guo, Y. (2010). Mirid bug outbreaks in multiple crops correlated with wide-scale adoption of Bt cotton in China. *Science*, 328(5982), 1151–1154.

　　　　　　　　　　　　　　　　　　　　　　哲食之道

害農作物。美國孟山都公司因此發明了能夠抵禦草甘膦的基因改造農作物，如此一來，使用草甘膦只會殺死雜草。現時全球過半的基因改造農作物都有這種基因。只是，長期大量使用草甘膦，有些雜草便進化出抵抗草甘膦的能力。它們沒有競爭，大量繁殖成為「超級雜草」，嚴重打擊產能。種子公司當然可以推出新一代的基因改造植物，但研發需時。農民也許可以增加除草劑用量，又或翻起泥土把除草劑混入較深層的土壤，直達雜草根部。問題是這樣會令更多草甘膦殘留在農田，以及污染地下水；翻土更會加劇水土流失的問題。科學家也擔心大量使用草甘膦會危害蜜蜂。農作物大多依靠昆蟲授粉，近年全球各地蜂群數目不斷下降，情況令人擔憂。

基因污染

基因改造農作物引起的另一個憂慮，便是基因污染。基因改造農作物難以局限在指定地區種植。這些戶外植物可以因為狂風大雨、蟲鳥和其他動物，以及人為疏忽和蓄意破壞而四處散播。德國一些蜂園的蜜糖，曾經被附近的基因改造植物的花粉所污染。根據當時的法例，蜂蜜因此須標籤為基因改造食物，那便須通過昂貴的安全測試才能發售。雖然專家聲稱蜂蜜安全，但這對養蜂人依然打擊甚大，歐盟最後也要修改法例，把花粉列為天然成份而非食物材料，基因改造花粉超過某個份量才需要特別標籤。

另外也有一些案例，是有機農場被附近的基因改造植

物污染而失去有機認證，帶來嚴重的經濟損失。[7]有機玉米的售價通常高於基因改造玉米，但有機玉米一旦受到基因污染，價格便會下跌。販賣有機肉的農夫，如果依賴有機玉米作為牲畜飼料，也會受到牽連。要處理這些負面影響，政府可以要求農夫購買污染保險，又或仿效丹麥向基因農作物徵稅，把稅收撥入污染賠償基金。

人為疏忽同樣可以導致基因污染。香港的進口木瓜大多是經基因改造的品種，能夠抵禦常見的輪點病毒。很多人吃完木瓜後隨意丟棄種子，又或把種子拿來種植。蜜蜂與風力會傳播木瓜的花粉，所以經改造的木瓜與本地品種很容易雜交而繼續散播改造基因。有調查指經改造過的木瓜佔香港木瓜樹七成左右。香港漁護署在2005年更曾經錯誤地把一些基因改造木瓜的種子派給有機農場試種！

從這些事件來看，基因改造植物與有機耕作，未必可以和平共處。基因改造植物若然不斷散播，非改造的品種便會越來越少。這個不可逆轉的後果，我們是否樂見？有人可能認為這是大勢所趨，無可避免。只要四處散播的品種都通過了嚴格的安全測試，就算未曾改造的品種在地球絕跡，我們也不用過慮。

不過，如果同屬一個物種的生物的基因過於接近，令基因池變得狹窄，那未必是好事。「基因多樣性」（genetic diversity）對保護物種以及維持糧食供應穩定非常重要。歐

7　「有機」（organic）的意思是禁止使用化學農藥和其他人造化學物質，但一般也理解為不會容許使用經基因改造過的材料。

洲的愛爾蘭於1845至1852年曾經發生馬鈴薯饑荒。馬鈴薯原產於南美，據說有數千品種。馬鈴薯引進歐洲後，成為愛爾蘭人的主要食糧。當時農民種植的馬鈴薯品種有限，這些馬鈴薯剛巧欠缺抵抗某些真菌的能力。結果真菌病爆發，真菌隨風力傳播，令馬鈴薯失收以及腐爛，隨後的糧食短缺帶來了饑荒和疾病。短短七年之內，愛爾蘭大約一百萬人身故，亦有過百萬人移居海外，愛爾蘭人口因此銳減四分之一。當然，這次饑荒死者眾多，有其他社會和歷史因素，但如果當時多種植不同品種的馬鈴薯，也許災情不會那麼嚴重。現代農業已經工業化，為求統一作業過程，種植的品種有限。我們不應忽略過分依賴基因改造農作物所帶來的風險。農業應借助科研技術，但更重要的是必須達到可持續發展，以及減少對環境的傷害。

食物安全

有意見認為基因改造食物可以改善健康。不過，改善健康有不同途徑。坊間充斥各種健康資訊，令人眼花繚亂，但美國著名作家Michael Pollan在《飲食規則》一書中提出，健康飲食基本上能一言以蔽之：「吃食物、不過量、以植物為主」。[8]「吃食物」的意思是進食以天然原材料烹調的食物，而非經過高度加工的工業製成品。健康並非依靠什麼靈丹妙藥，主要是避免吸煙和加工食品，少吃

8　英文原文：Eat food, not too much, mostly plants. 見 Pollan, M. (2009). *Food Rules: An Eater's Manual Book.* Penguin.

肉，多吃蔬果和做運動，睡眠充足和心境開朗而已。政府也應該推廣健康教育，以及訂立適當法例保障市民健康和食物安全。

很多人抗拒基因改造食物，因為擔心會危害健康。但實情如何，要視乎科學證據而不應憑空猜想。有些人看見「基因」兩個字便以為是有害物質，但除了紅血球和某些角質細胞外，差不多所有生物細胞都含有基因，有機食品也一樣。哪怕是一杯清水，裏面也會有微生物和它們的基因。

基因改造農作物已有超過二十多年的歷史，絕大部分用作牲畜的糧食，所以有很多相關的研究。整體來說，基因改造農作物對牲畜的生長、健康、壽命似乎沒有負面影響。用這些動物製造出來的食物，未曾發現損害人類健康，它們的營養價值與其他食物也分別不大。[9]美國國家科學、工程與醫學學院(National Academies of Science, Engineering, and Medicine)是地位崇高的學術機構。它在2016年發表了一份報告，評估基因改造食物的風險，結論是沒有證據顯示這些食物與任何疾病或長期健康問題有關連。[10]

不過有反對者認為，基因改造食物的歷史仍然相當短暫，微妙的長遠影響可能暫時未被發現。另外，上文提及

9　Van Eenennaam, A. L., & Young, A. E. (2014). Prevalence and impacts of genetically engineered feedstuffs on livestock populations. *Journal of Animal Science*, 92 (10), 4255–4278.

10　National Academies of Sciences, Engineering, and Medicine. (2016). *Genetically Engineered Crops: Experiences and Prospects*. National Academies Press.

哲食之道

的草甘膦，是廣泛使用在基因改造植物上的除草劑。然而，草甘膦曾被世衞定為第2級致癌物，有學者認為草甘膦有可能導致非霍奇金氏淋巴癌（non-Hodgkin lymphoma），德國生產商拜爾公司也因此捲入多樁巨額官司。拜爾更在2020年同意為和解協議支付一百億美元，以解決所有相關訴訟。

另一點憂慮是，雖然理論上基因改造食物必須經過嚴格測試，但有時候人為疏忽或欺詐會令未經授權的食物流入市場。2014年，巴黎某實驗室的一隻帶有水母基因的羊，原本只是用作研究，但卻竟然被賣到屠宰場給吃掉了。又例如在中國，監管條例很嚴格，但執行時卻遇上困難。基因改造大米在中國只能於特定試點種植作科研用途，嚴禁食用。只是中國官員也承認，非法種植的基因大米已經散播多年。中央電視台2014年在湖北武漢的超市購買了五袋不同牌子的大米，發現有三袋含有改造基因。事實上，農民很容易便購買到改造稻米的種子。含有非法大米成份的食物例如餅乾和嬰兒食品，在世界各地都不時浮現。

無論基因改造食品是否安全，很多人都希望避免購買。為了尊重消費者和提供更多選擇，食品商是否應該在食品包裝上直接說明食材有沒有基因改造的成份？

現時不少食物標籤，反映了消費者所關注的議題。有些咖啡品牌會聲稱得到公平貿易認證。很多吞拿魚罐頭，也會標明並非來自瀕危的吞拿魚品種，又或強調捕魚的方法不會傷害海豚。不過這些標籤，是業界自行加上，沒有

強制性。另外也有人質疑這些標籤是否可靠。

對於是否強制標籤基因改造食物，各地政策不盡相同。立法規管可以統一標準，避免引起混淆。歐盟法例規定，如果食物有任何成份含有高於0.9%的基因改造材料便須註明。[11] 至於香港，法例是禁止虛假説明的。換句話説，如果食物含有一定份量的基因改造成份，但包裝説沒有，這便觸犯法例了。不過，標籤屬自願性質，香港法例暫時並沒有強制列出所有基因改造材料。生產商不作説明，也不會被追究。

食物製造商通常不會主動披露這方面的訊息。立法實施強制性標籤，是為了回應消費者對基因改造食品的關注。不過，食品商大都強烈反對強制標籤。常見的理由有幾點：首先，強制標籤會增加生產成本，食品漲價對消費者不利。製造商也可能因為成本上升而停售某些食品，減少消費者的選擇。第二，基因改造食物既然是安全的，便沒有需要特別註明。標籤只會徒然引起消費者的疑惑，製造不必要的恐慌。第三，科學證據顯示基因改造食品不會危害健康，所以消費者對食材是否含有改造成份根本沒有知情權。

這三個理由中，第一和第二個比較牽強。很多食品都已經要提供營養標籤，多加一些資訊對生產成本的影響有限。強制性標籤也許會對小型的家庭式經營者帶來困難，

11　食物在種植和加工程序裏通常很難完全避免基因改造材料的污染，所以沒有可能百分百保證沒有基因改造成份。

哲食之道

但法律可以為他們設立豁免條款。至於標籤會製造恐慌，這個未必會發生，也可以通過教育令消費者釋疑。拒絕提供資訊，反而容易產生猜疑和誤解。至於第三個理由，理據好像比較強。消費者沒有權利知道食物製造過程中的所有細節，尤其如果資訊與食物安全沒有任何關係。一罐罐頭沙甸魚到底在上午還是下午製造，與味道和健康無關，所以我們沒有權利要求製造商列出罐頭的製造時間。既然如此，如果沒有證據顯示基因改造食品有害，製造商又為何有責任披露食品是否含有基因改造的材料？

科技與世界末日

基因工程的應用範圍廣泛，除了改造農作物外，也可以用來複製動物以及醫治疾病。在不久的將來，也許人類甚至能夠改變自己的基因，選擇下一代的生理特徵。一旦基因工程與電腦技術結合，説不定有一天人類能夠把自己的意識移植入新的軀體，戰勝死亡。

科技能改變社會，促進經濟發展，但回顧歷史，並非所有改變都是正面的。新科技通常不是每個人都能負擔。以生化技術改造人類，到底是人人受惠，還是令社會更不平等？還有，科技發展充滿變數，破壞性後果往往難以預測。18世紀末的工業革命，曾經為英國帶來了史無前例的空氣污染。生化技術會否引發新的危機，也是未知之數。英國威爾斯親王查理斯一向反對基因改造食物。他認為人類是大自然的一分子，有責任守護地球，所以我們應該限

制科技的發展。查理斯在演講裏曾說：

> 如果沒有東西是神聖不可侵犯的 —— 因為這會被等同
> 為迷信又或者另一種的「非理性」 —— 那麼還有什麼
> 東西可以阻止我們把整個世界當作一個「巨大的生命
> 實驗室」，並且可能帶來災難性的長遠後果？[12]

查理斯認為，要避免毀滅地球，達到可持續發展，我們必須設立科研禁區，確認有些神聖（sacred）的界限是不容超越的。不過，「神聖」本是宗教概念。現代社會釐定政策很多時候是根據共識而非宗教信仰，但社會共識又是基於什麼標準呢？我們在上一章討論過「傷害原則」（harm principle），但根據傷害原則，只要不傷害他人，任何行為都是應該容許的，問題只在於如何管理風險。可是，要評估尖端科技的潛在風險，十分困難，因為涉及太多不確定因素。

除了「傷害原則」，另外有一條「預警原則」（precautionary principle）在討論環保政策時經常被引用。根據預警原則，當某些政策有可能危害市民或環境，帶來嚴重或不可逆轉的後果，縱使科學證據尚不確定，我們也要非常謹慎，暫停實行該項政策，又或採取適當的預防措施。刑事審判經常強調「無罪推定」（presumption of innocence）：要假定被告是清白的，有足夠證據才能入

12　檢自：https://www.princeofwales.gov.uk/speech/speech-hrh-prince-wales-titled-reflection-2000-reith-lectures-bbc-radio-4

罪。無罪推定是「寧縱勿枉」，但預警原則卻是「寧枉勿縱」：如果未能確定一項措施沒有嚴重的負面後果，便最好不要付諸行動。

預警原則比較保守，但態度保守不代表零風險。大家可能聽過一句稱為「摩菲定律」（Murphy's Law）的幽默俚語：凡可能出錯的，必定出錯。摩菲定律提醒我們，風險可以管理，但往往不能完全移除。新科技所帶來的問題有時未必會即時浮現。1939年，瑞士化學家發現有機化合物滴滴涕（DDT）可以殺死蚊子和農作物的害蟲，結果滴滴涕在全球廣泛使用。滴滴涕在1950和60年代在對抗瘧疾等傳染病方面功效顯著，拯救了很多人的性命。可惜後來科學家發現滴滴涕會在食物鏈散播和累積，毒性可以維持多年，損害人類和動物的健康。最近有科學家計劃在美國佛羅里達州釋放接近8億隻基因經過改造的蚊子。大家都知道，雄蚊只吃花蜜，雌蚊才會叮人。擁有這種特殊基因的雌蚊很快便會死亡，但雄蚊卻不受影響，能夠把改造基因繼續遺傳下去。科學家希望藉此控制蚊患，避免瘧疾傳播。這個實驗對生態環境有什麼長遠影響，大家不妨留意。

科技帶來禍害，除了是因為後果難測，也可以是源於蓄意隱瞞。美國煙草公司曾經長時間掩飾尼古丁令人上癮的證據，卻暗中提升香煙的尼古丁含量，務求令更多人染上煙癮。隱瞞和歪曲事實，在學術界也會發生。食品商資助很多關於飲食健康的研究，其研究結果的可信程度不無疑問。1950年代，醫學研究開始關注蔗糖（sucrose）與心臟

病的關係。當時代表美國製糖業的糖業協會（Sugar Research Foundation），決定聘請哈佛大學的三位科學家發表學術文章，企圖淡化糖分與心臟病之間的關聯，並把飽和脂肪塑造成心血管疾病的罪魁禍首，但這些科學家卻沒有披露研究經費的來源。有學者認為，這類資助研究，在上世紀六、七十年代成功把心臟病成因的焦點從糖轉移到脂肪，影響了政府的衛生政策和市民的飲食習慣。[13] 時至今日，學術期刊對披露利益衝突的要求較為嚴格，但食品商仍然大灑金錢，引導有關食品健康的學術研究以及傳媒報導。

另一方面，舉凡技術上可行而且有利可圖的事物，都一定會有人嘗試。政府禁毒，但販毒可以牟取暴利，所以便有地下製毒工場。政府禁止販賣槍械，但有人卻會在家以3D打印機自製槍枝。科技發展很難以法律限制。一個國家禁止某項研究，其他國家為了加強競爭力可能反而會鼓勵。2001年美國立例嚴格規管幹細胞技術，新加坡政府便立刻以較寬鬆的政策和大量資金吸引美國科學家把研究轉移該地。

所以，「有利可圖而且可行的事物必定有人嘗試」也可以說是一個定律，我們姑且稱為「賺錢定律」。令人擔心的是，當科技的威力越來越大，「摩菲定律」加上「賺錢定律」，會出現什麼後果？會是世界末日嗎？有很多人擔心人工智能越來越進步，說不定會超越人類，甚至把人類毀滅。

13　Kearns, C. E., Schmidt, L. A., & Glantz, S. A. (2016). Sugar industry and coronary heart disease research: a historical analysis of internal industry documents. *JAMA Internal Medicine*, 176 (11), 1680–1685.

哲食之道

這類大家熟悉的電影橋段，是否杞人憂天？憂慮可以是源自對新科技的恐懼和無知，但另一方面，很多人對人類的能力過度自信，相信科技和經濟發展只會帶來進步。這種想法可能更危險，更具破壞力。

以核技術為例，地球至今避免了核戰災難，可以說是獲得幸運之神的眷顧。1983年9月26日早上，位於莫斯科市郊的一個預警系統在幾分鐘內連續發出多個警報，表示美國向前蘇聯發射了幾枚洲際導彈。當時空防部隊中校史丹尼斯拉夫‧彼得羅夫（Stanislav Petrov）負責監察這個系統。按規定他有責任立即向上級呈報，而結果很可能是軍方馬上發射核彈還擊，全面展開第三次世界大戰。

那時美蘇處於冷戰時期，美國突襲蘇聯並非沒有可能，但彼得羅夫相信，如果美國有意偷襲，必定是大舉進攻，不會只是發射數枚導彈。況且，預警系統也有可能發生故障，因為地面雷達當時並沒有偵測到飛彈，所以他最後決定不跟從正常程序，沒有報告受到攻擊，而只是說系統失靈。彼得羅夫這項決定，事後證明是正確的，人類得以避開一場浩劫。不過彼得羅夫說他當時也不肯定預警系統是否真的出錯。如果當時不是剛巧由他當值，可能今天的世界已滿目瘡痍，你和我也未必健在。

其實，除了這次事件之外，在1962年的古巴導彈危機，美蘇對峙也差點演變成一場核戰。地球至今成功倖免於難，未來會否同樣幸運？當然，世紀災難不一定會毀滅

全人類，可能只是造成死傷枕藉，又或導致文明倒退。無論如何，社會進步和人類的存在並非必然，難怪著名天文學家霍金(Stephen Hawking)認為，要保護人類文明，降低滅亡的風險，人類必須移居至不同的星球。

我十分贊同霍金的建議。人類好像致命病毒，在生長過程中不斷襲擊自己的宿主，最後宿主死了自己也不能生存。病毒避免滅亡的方法便是在宿主未被徹底毀滅前找到新的宿主，然後重複這個過程。著名生物學家Ernst Mayr有個有趣的講法。他說人類的高度智慧可能是一種致命突變(lethal mutation)，一個最後令人類自我毀滅的遺傳特徵。人類以自己的智慧自豪，視之為生物進化的最高成就。不過，人類雖然改變了地球的面貌，我們的歷史其實很短暫。從進化的角度來說，昆蟲也許比人類更成功。如果地球發生大型災難，昆蟲繼續存活的機會可能更高。人類確實擁有難能可貴的智慧，但這一點亮光在浩瀚的宇宙中會否一閃即逝，便要看我們的智慧是否足以駕馭自身的智慧了。

討論

1. 以下的論據有什麼問題？

(i)既然各種動植物本身也擁有不同的基因，那麼改變基因也沒有什麼大不了。

(ii)一旦接受以傳統選拔育種方法改變基因，便應該同樣接受以生化技術改造基因。

　　　　　　　　　　　　　　　　哲食之道

2. 美國生態學家哈丁（Garret Hardin）曾經提出三條人類生態學的定律。其中第一條定律是：「我們永遠不可以只做一件事。」你猜這是什麼意思？你同意這個想法嗎？這條定律與基因改造技術的爭議有什麼關係？

3. 「因為沒有證據證明基因改造食品危害健康，所以消費者對食品是否含有基因改造材料並沒有知情權。」這個你同意嗎？食物成份的知情權是否只能建基於健康顧慮？

4. 「大部分商品都必須標明產地來源，儘管產地來源與商品的質素無關。既然如此，要求基因改造食品強制加上標籤，也是合理的。」你同意嗎？

5. 你贊成利用基因技術來醫治疾病嗎？如果修改人類基因可以令人更理性和善良，你會支持嗎？以基因技術選擇下一代的性別和體質等特徵又如何？

6. 章末討論科技發展會否毀滅世界，你認為這類想法是否太悲觀？

7

資本主義下的食品

記得小時候夏天鮮有機會吃雪糕，因為價錢比較貴。黑色的涼粉才是普羅大眾的消暑甜品，不過現在已經不常見了。當時並非家家戶戶都有雪櫃，食物容易變壞，食品衛生是個大問題。很多小孩(包括我自己)肚裏都有寄生蟲，所以家長會給小孩子吃「花塔餅」。這些餅乾有不同顏色，又甜又可愛，但其實內含杜蟲藥。

今天的社會與當年自然不可同日而語。隨着經濟發展、社會進步，環境衛生大幅改善，物質也更豐裕。在超級市場可以買到環球美食，單是雪糕的種類便令人目不暇給，現在很多小孩都不知道涼粉是什麼。這些發展要歸功於資本主義。資本主義提倡私有產權和自由市場。自由市場促進競爭，讓消費者有更多選擇。商家為了爭奪市場和提高利潤，自會想盡辦法改善產品質素和降低成本，也因此推動了科技發展。近年自由市場配合經濟全球化，跨地域的經濟活動愈趨頻繁。商家可以靈活調配資金，或把生產工序轉移至其他國家。這些發展造就了新的商機，也令貨物更流通。不過，自由市場是不是只有好處而沒有壞處？

自由市場是資本主義的核心理念，建基於蘇格蘭哲學

家亞當‧斯密斯（Adam Smith, 1723–1790）的學說。他的名著《國富論》是現代經濟學的經典著作。斯密斯在蘇格蘭格拉斯哥大學教授哲學，是個典型的書呆子。據說他時常自言自語，心不在焉，曾經在參觀皮革廠時掉進一個大缸裏面。斯密斯提倡自由競爭，認為政府應該減少對市場的干預。在自由市場，參與交易的人都追求自己的利益，服務和產品價格因應供求而自動調節。很多人相信，雖然自由市場的交易沒有經過整體規劃，但這樣的安排反而能夠更有效地分配資源，促進社會發展，就好像有一隻「無形之手」在指引一樣。

自由市場的發展當然不是一帆風順，貿易保護主義和國力的競爭令全球化的趨勢有所逆轉，但現今的發達國家，絕大部分都奉行資本主義和自由市場。至於中國，雖然憲法第一條明確指出「社會主義制度是中華人民共和國的根本制度」，但近年很多經濟改革的成果都是來自市場自由化。不過，不少人認為，自由市場的最佳典範應該是香港。諾貝爾經濟學獎得主Milton Friedman是自由市場的著名擁躉。他曾經表示：「要看自由市場的真實運作，便應該去香港。」美國傳統基金會（Heritage Foundation）是美國的保守派智庫，每年會公佈全球經濟自由度排名榜，香港二十多年以來，每年都是第一名，直至2020年才被新加坡取代。香港跌至第二位，紐西蘭排行第三。[1]

1　不過香港在2021年被剔出評級，新加坡則繼續名列榜首。

　　　　　　　　　　　　　　　　哲食之道

理想與現實

自由市場雖然備受推崇，但在現實世界，到底有沒有完全自由的市場？減少干預的極端，便是沒有法律約束，但這只會導致暴力和混亂，令市場無法運作。所以，問題並非政府應否干預經濟活動，而是何種程度的干預才屬合理。干預必然影響社會不同階層的利益、市民的自由，以及社會的長遠發展。干預的程度並非純粹取決於經濟考慮，那同時是一項政治決定，涉及社會的價值取向。很多人說只關心經濟，不理會政治，但經濟根本不能脫離政治。

有意見認為，政府干預市場是必須的，但應該奉行「大市場、小政府」的原則：政府把非必要的干預減到最低，才能發揮最大的經濟效益。不過，「非必要的干預」是什麼意思？是不是政府除了負責保安和公共衛生以外，便沒有其他功能？只是，政府在市場中根本沒有可能完全保持中立。政府必須對人口、土地、稅收、能源、勞工、環保等各方面釐訂政策。這些政策必定促進了市場上某些交易，也同時為另外一些交易加添阻力，直接影響各行業的業務和營運前景。

其實，政府主動干預經濟活動的例子比比皆是。首先，全世界所有國家都設有人口管制的政策，不會任由境外的人隨意定居和工作，衝擊勞工市場。很多政府也會提供醫療和教育服務，興建機場、道路和公共交通網絡，又或負責供應水電。香港和新加坡雖然是自由市場的典範，

但香港有近半市民居住在公營房屋，新加坡更超過八成，政府變成房屋市場的主要供應者。

斯密斯在《國富論》提倡自由競爭，但這不是說政府對任何事情都一概不理。斯密斯認為，政府有三個主要角色：維護國家安全、保障司法制度，提供公共服務和公共設施。[2] 上面提到的公用事業，以及醫療、教育和房屋等範疇，也許可以包括在內。不過，各國政府介入市場的例子，絕對不限於這幾方面。色情行業、賭博、買賣煙酒及藥物，都是政府嚴格規管的經濟活動。政府也經常會為一些經濟項目提供補貼。很多國家為了吸引大型企業前來建立總部或者工廠，會特意給予稅務及其他優惠。2008年香港政府取消了所有葡萄酒稅項，便是希望把香港發展為亞洲的葡萄酒樞紐。很多民間團體、文化和體育機構，一旦失去政府的資助，恐怕不能生存。除此之外，政府有時更會直接作出商業投資。香港的海洋公園和迪士尼樂園，前者由香港政府成立的公司所經營，後者有過半股權也是屬於香港政府的。新加坡政府在當地的經濟活動更是舉足輕重。新加坡政府擁有控股權的上市公司，佔整個新加坡股市的市值差不多四成！[3]

2　很多人以為斯密斯倡議完全自由放任的經濟政策，但其實是個誤解。斯密斯非常反對側重商界利益的政策。斯密斯也指出，經濟發展之時，為了提高生產效率，會促進勞動分工(division of labour)，但很多人的工作會因此變得很狹窄、重複着沉悶的工序，窒礙了他們的個人發展，政府應該避免這個情況發生。

3　Sim, I., Thomson, S. and Yeong, G. (2014). *The States as Shareholder: The Case of Singapore*. Centre for Governance, Institutions & Organisations, NUS Business School.

　　　　　　　　　　　　　　　哲食之道

政府的有形之手，經常以保護產業的理由干預市場。空中巴士公司（Airbus）是全球最大的飛機製造商之一。這間巨型企業是由歐洲幾個國家合資成立，當初是為了幫助歐洲的航空製造業抵禦美國的競爭。食物方面，日本對大米長期實施嚴格的進口配額。日本和牛享譽國際，和牛的精液以及活的母牛通常難以出口。在台灣，鰻魚苗是禁止出口的，而日本人愛吃鰻魚。有報導指日本有八成的鰻魚苗是從台灣經香港非法走私進入日本的。[4]

除了出口禁令以外，很多國家也慣常給農民發放巨額補貼。補貼原則上是為了保障糧食供應，減低價格波動，但很多時候卻引致供過於求，最後浪費了大量食物。歐洲牛奶便曾經長時間產能過剩，出現所謂「牛油山」和「牛奶海」的景象。另外，農企經過多年的整固併購，大都受控於大型企業集團，它們也變成補貼的最大得益者。這種安排自然有可能造成官商勾結，阻礙改革。

金融危機爆發時，很多國家為求穩定市場信心，也會直接干預，補貼某些公司，甚至把瀕臨破產的公司國有化。香港的海洋公園和國泰航空公司出現財政困難，政府也曾先後注資。不過，政府援助也有可能鼓勵了企業作出高風險的商業決定，因為出問題後可以找政府「埋單」，結果損失的只是普羅大眾。前美國聯儲局主席格林斯潘，不止一次在公開場合表示，政府不應該監管或干預金融機構的衍生產品。然而很多學者認為，他在任期間推行寬鬆

4　檢自：https://kknews.cc/finance/vr9beba.html

的利率以及監管政策，是引致2007年全球金融海嘯的原因之一。格林斯潘後來也承認錯誤：「我以為追求自我利益最大化的組織，尤其銀行之類，最善於保護其股東的權利和公司股份，但是我錯了。」[5] 很多商家會以維護自由市場為藉口來避過規管，而許多政府表面上認同自由市場，但實際執行時卻是另一回事。政府干預市場與否，往往反映各方的政治角力和權力鬥爭，不會只考慮經濟。我們認清楚現實，便不會盲目相信自由市場是資本主義社會的常態。

自由與公平

自由市場的現實運作未必與理想相符，但話說回來，自由市場這種經濟模式又是不是一個值得追求的理想？自由是寶貴的價值，但要注意的是，自由市場不一定平等或者公正。首先，大部分商家都希望壟斷市場，以增加利潤。所以，如果沒有恰當的管制，過分自由放任的市場必然會發生反競爭的行為。斯密斯在《國富論》也曾提出警告，說商人經常會合謀抬價，損害公眾利益。這類事情在全球屢見不鮮，南韓的Samsung和LG等手機製造商便曾經因為串謀調高手機價格詐騙消費者，合共被罰款近4,000萬美元。很多大型跨國銀行也經常因為操控利率、外匯交易和貴金屬價格而被起訴。2020年，美國司法部指控美國幾家最大的肉類集團多年來合謀操縱雞肉價格。涉案的公司之一泰森食品（Tyson Foods），是全球第二大肉類供應商。

5　閻蕾（2009）《艾倫・格林斯潘全傳》新世界出版社。

哲食之道

除了合謀定價，市場佔有率比較高的公司，為了提高利潤和鞏固市場地位，也經常運用各種手段打擊競爭對手。香港的超級市場業務，主要由兩大連鎖集團瓜分。曾經有新的競爭者投訴，大型超市集團威脅供應商不得向競爭者供貨，否則便不和供應商合作。雖然討價還價是正常的商業行為，但以施壓方式維持壟斷和打擊競爭者，對消費者和社會的長遠發展都沒有好處。自由市場不一定是越少監管越好。要維持公平競爭，制定有效力的競爭法例是非常重要的。當然，如果法例過於繁複，導致訴訟不斷，也不是一件好事。

　　很多人認為商場如戰場，考慮的是利益而非道德；只要交易是明碼實價，你情我願，便沒有什麼不公平之處，政府也不應干預。只是，自由交易真的不用考慮道德嗎？暴雨時計程車司機坐地起價，令人反感。禁止歧視的勞工法例，市民多數表示贊同。很多國家也會禁止販賣人體器官，以免窮人被剝削。斯密斯在《國富論》也主張規管貸款利率上限和禁止高利貸。2020年新冠肺炎蔓延全球，香港一度口罩短缺，商人趁機囤貨抬價，很多基層市民因此陷入困境。只是，香港政府卻堅決不予管制，而且表明政府生產的口罩，不會推出市面發售，以免造成競爭。這政策又是否可取？

　　自由市場原則上看似公平，人人都可參與，但現實是每個人的際遇和議價能力都不一樣。自由市場可以增加財富，但也有可能縱容剝削和加劇貧富懸殊。當然，財富

不均本身未必違反公義。假設社會所有人的財富都均等，但我獨創的咖喱奶茶味道出眾，人人都來光顧，我遂成為富翁，社會的財富分配也不再平等。不過，這些自願的交易，沒有違反道德和社會公義。財富分佈不均，是自由市場的必然結果。財富完全平等，也未必是件好事。如果全世界的人都一無所有，雖然達到經濟平等，但卻絕對不值得嚮往。

不能滿足基本的生活需要，是絕對地貧窮。不過，貧窮也可以是相對的。一個人可以溫飽無憂，但生活質素依然與社會的平均水平相距甚遠。很多人認為社會應該着力解決絕對貧窮問題；相對性的貧窮，如果並非源於社會不公，反而可以接受。

經濟學家海耶克（Friedrich Hayek, 1899–1992）是1974年的諾貝爾經濟學獎得主，也是一位政治哲學家。海耶克認為人類應該追求法律上的平等而不是物質上的平等，而貧富差距其實可以推動社會進步，有助減少絕對貧窮。富裕階層追求高質素的生活，也願意為此付出更多金錢，從而推動社會創新。許多市場上的新產品和服務，開始時只有一小撮有錢人能夠享用。當社會大眾也有這個需求，供應增加而成本下降，這些事物便變得普及，最後所有人的生活質素都得以提升。電視機、雪櫃、汽車、電腦便是例子。又好像黑松露這種食物，一向形象矜貴，但為了滿足需求，商家便開發出人工培育的黑松露。黑松露價格下降，不再是富有人家的專利，現在甚至在港式茶餐廳也可

　　　　　　　　　　　　　哲食之道

以吃到黑松露炒蛋。[6] 所以海耶克相信，財富分配不均，反而對經濟發展有利。如果放棄自由市場而跟從計劃經濟，只會威脅個人自由，最終導致極權主義。

　　海耶克的想法，不是全然沒有道理。如果貧富差距能夠消滅絕對貧窮，提升所有人的生活質素，相信很多人都沒有異議。1978年中國推行改革開放，鄧小平建議引入市場經濟，加速某些地區的經濟發展，「讓一部分人先富起來」，從而令全國得益。中國經濟自此突飛猛進，人均國內生產總值（GDP per capita）在這段期間跳升超過六十倍。中國在2010年更超越日本成為全球第二大經濟體系。根據國家統計數據，1978年農村貧窮人口有大概7.7億，到了2019年卻只有五百多萬。中國經濟改革的成果，是不容抹殺的。不過，中國的高速經濟發展，同時也加劇了貧富懸殊。有報告指出，中國最富有的1%家庭，擁有全國三成以上的財產。[7] 2020年，國務院總理李克強表示，中國有六億人的月入還不到人民幣一千元，佔全國人口大概四成。

　　貧富懸殊，不單是中國的問題。很多國家的經濟政策，都對擁有資產的人比較有利，令他們更容易累積財富，加劇了貧富懸殊。有錢人也可以聘請律師和會計師幫助他們以離岸信託及其他方法避稅。2017年，全球最有錢的8位富豪，總資產已相當於全球一半人口的財富總和。[8]

6　不過大部分平價黑松露貨品的香味其實主要是來自化學添加劑，例如 2,4–dithiapentane。

7　北京大學中國社會科學調查中心《中國民生發展報告 2014》。

8　檢自：https://cn.nytimes.com/world/20170117/eight-richest-wealth-oxfam/zh-

有錢人的子女，憑着父母的資產以及人脈關係，已經贏在起跑線上。普通人以一己的能耐，窮盡一生也未必追得上。遇上經濟動盪，資產豐厚的人自有辦法應對，但弱勢社群往往欠缺積蓄，一旦失業便生活無依，徬徨無助。這種大環境減低了社會流動性，跨代貧窮的問題也更難解決。

有擁護自由市場的人曾經提出所謂「涓滴經濟學」，認為要解決貧窮問題，政府應該令自由市場更自由，而不是加強福利政策。涓滴經濟學並非嚴謹的經濟學理論，但不少政客和商人都有類似的想法。他們認為，政府應該大幅削減福利開支，鼓勵就業，並降低富裕階層和公司的稅率，廢除各種貿易管制，給予資本家更多政策上的優惠。這樣的話，資本家定必更踴躍投資，促進經濟發展，增加就業機會和私人慈善服務。貧困階層自然會因此得益，就像滿瀉的水會向下流一樣。

不過，有很多分析認為實情並非這般理想。國際貨幣基金組織的報告認為，直接提升貧困和中產階層的生活水平，更能刺激經濟增長。當最富裕階層佔社會整體收入的百分比增加，GDP（國內生產總值）反而可能下降。要收窄貧富懸殊，必須普及和改善教育制度和醫療服務，以及確保就業市場能夠保護工人和貧困人士。在發達國家，人才培訓和累進稅制尤其重要。深化金融改革時，也要確保各個階層都能受惠。[9] 矯正貧富差距沒有靈丹妙藥，但卻需

---

hant/
9   Dabla-Norris, M. E., Kochhar, M. K., Suphaphiphat, M. N., Ricka, M. F.,

要政府政策配合，不能依靠自由市場自行解決。斯密斯在《國富論》也特別強調，勞工法例不宜偏袒僱主，富裕階層也應該承擔更高比例的稅款。

貧富懸殊的一個壞處，是會扭曲市民參與政治的機會。大財團和富翁對傳媒更富影響力，也有很多遊說政客的渠道，例如資助官員旅行又或安排他們退休後的生計。瑞信和摩根大通這兩家投資銀行，便曾經因為聘用中國高官的子女以換取商業合同而被罰款。摩根大通內部甚至把這項安排稱為「子女計劃」。[10] 金權政治的影響力，在美國甚為顯著。有學者研究美國政府在1981–2000年訂立的1,779條政策，發現絕大部分都跟從金融領袖和利益集團的取向，一般市民根本毫無影響力。[11] 很多人經常以美國為例子批評民主，指出民主體制有很多問題。民主當然不是完美，但沒有民主，情況也可能更差。美國的問題，反映民主制度很容易被金權政治蠶蝕，民主並非只是給予市民投票權那麼簡單。另外也要保護言論自由，讓傳媒能夠有效監察政府運作，確保施政公開透明。

哲學家亞里斯多德認為，極度的貧富懸殊會撕裂社會，衝擊民主體制。當窮人無法改善生活，怨氣積累，自然會打有錢人的主意；有錢人為了自保，便會想盡辦法破

& Tsounta, E. (2015). *Causes and Consequences of Income Inequality: A Global Perspective*. International Monetary Fund.

10 檢自：https://www.bbc.com/zhongwen/trad/chinese-news-44395781

11 Gilens, M., & Page, B. I. (2014). Testing theories of American politics: Elites, interest groups, and average citizens. *Perspectives on Politics*, 12(3), 564-581.

壞民主制度，以免窮人得勢。所以亞里斯多德相信，健康而穩固的民主社會，應該以中產階級為基礎。

不過，無論政治體制是否民主，貧富差距太大，都會令人質疑政府的施政能力，降低政府的認受性，影響社會穩定。很多人形容香港是個物質充裕的美食天堂。只是，香港有近五分之一人口生活在政府制定的貧窮線下，很多小孩子三餐不繼，有接近三分之一的長者更是營養不良。當社會有這麼多人被遺忘，我們怎能夠說這是一個成功的經濟體系？香港的市場是否全球最自由，與他們何干？斯密斯在《國富論》說過，衡量一個國家財富的真正標準，不在於國庫是否充盈，也不在於少數富豪擁有多少資產，而是看勞動和貧窮階層的工資和生活狀況。自由市場的最終目的，是令所有人得益，還是讓資本家操控更大比例的社會資源？

回顧資本主義的歷史，很多發達經濟體系今天的成果，其實建基於剝削和奴役。英國的工業革命起自1760年代，當時很多兒童在環境惡劣的工廠和煤礦工作。英國和其他歐洲國家更長期掠奪所屬殖民地的資源。英國和很多國家一樣，發展的時候利用高關稅和各種貿易壁壘保護自己的產業，到時機成熟時便以自由貿易為藉口呼籲或者強逼其他國家開放市場。至於美國，其開國歷史也就是印第安人大屠殺的歷史。棉花在美國的早期經濟發展舉足輕重，美國有超過一百年的時間是全球最大的棉花生產國。

哲食之道

棉業需要大量勞動力，助長了黑人奴隸制度，也間接引發美國的南北戰爭。

別以為奴隸制度在現代社會已經完全消失。聯合國國際勞工組織估計，全球依然有數千萬人被奴役，當中有七成是婦人和女孩。[12] 這些人可能被逼從事性工作，又或被販賣到其他國家作黑市勞工。自由市場與全球化為我們帶來豐裕的物質生活，但有多少成果是來自這些人的血與淚？美國的大型農場經常依賴非法移民收割新鮮蔬菜。很多給美國供應蔬果的墨西哥農場經常聘用童工，工人普遍待遇極差。東南亞有不少漁船和海鮮工場也會非法禁錮員工和剋扣工資。時裝業近年流行「快速時尚」（fast fashion），以廉價服飾吸引顧客。這些商品普遍在發展中國家縫製，很多工人的生活和工作環境與奴隸相差無幾。2013年孟加拉一座違規的8層高大樓出現裂痕，大樓內有數家供應外國零售商的製衣廠。製衣廠為了趕時間完成訂單，強逼工人繼續工作，結果大廈倒塌，1000多人罹難，死者大部分為製衣女工。很多電子產品工廠的工作環境也並不理想。生產名牌手機的富士康公司在2010年前後的數年間，便有大約二十多名員工自殺身亡，有數百名工人更為了抗議工作環境和低薪而威脅集體跳樓自殺。除此之外，先進國家的電子廢物也經常會偷運到發展中國家，帶來嚴重的污染問題。自由市場表面風光，但經濟繁榮背後一連串違反社會公義和剝削的行為，其實從來沒有止息。

12　數據來自2018年 Global Slavery Index。

價格與價值

伯林(Isaiah Berlin, 1909–1997)是非常著名的政治哲學家,對思想史也很有研究。他對自由的一些看法廣為人知。伯林認為,自由可以區分為消極自由(negative liberty)與積極自由(positive liberty)兩種。簡單來說,前者是指沒有其他人干涉我們的行為,後者則是指自主的能力,也就是說我們是否有能力實現自己的意願。舉個例子,假設有一名宅男喜歡天天留在家中上網,每天三餐都是外賣送上門,但他不知道原來門外有人監視,不讓他離家半步。在這個情況,這名宅男沒有消極自由,但卻擁有積極自由。

消極自由的重要性不用多言。沒有人希望受到打壓,每天仰人鼻息,活在惶恐之中;但人生在世,我們也想發揮抱負,盡展所長。後者並非只是擁有消極自由那麼簡單,也要看機遇、性格、運氣、能力等因素。我們衡量一個社會,不能只看消極自由,也要評估人民有沒有自主的能力,社會有沒有提供充足的機會讓所有人發揮潛能,過豐盛的人生。

自由市場的「自由」,當然是指不受干預的消極自由。所有合法交易,原則上都不會被人強逼和阻止。這並不是說自由市場沒有積極自由,市場提供的商品和服務,也可以幫助我們實踐自主。問題是,在自由市場,每個人往往只是尋求自己的利益。如果沒有宏觀的協調,我們如何保護有價值的東西?

以城市規劃為例,每個地方都有自己的特色和核心價

哲食之道

值。比如巴黎是浪漫之都，香港是中西文化交匯的國際城市。要保持這些特色，有賴政府根據市民的共同願景進行規劃。任由自由市場發展，很容易破壞社區生態，失去一些寶貴的傳統和地方特色。新加坡的熟食市場和台灣的夜市，不單是旅遊景點，也是普羅大眾生活的一部分。這些市集為小店帶來生存空間，增加就業機會。新加坡政府規劃政府屋邨時，會預留地方設立熟食市場，這些措施對穩定租金和食物價格有一定作用。反觀香港的新型商場大都租金昂貴，而且滿佈連鎖集團，千篇一律。有人情味的小店逐漸消失，市民也少了選擇。

自由市場能促進大型都市的發展，因為提高人口密度可以鼓勵分工和擴大業務規模，加強網路效應。城市能夠提供更多消費選擇和就業機會，但也增加污染和破壞環境。科學家指出，開發城市的邊陲地帶令野生動物的病毒更容易傳染給人類。全球一體化促進了人口流動，疫情發生時也更難遏制。

健康是重要的價值，但在自由市場中也有可能被犧牲。畜牧業濫用抗生素，並製造大量污染和溫室氣體，這些問題近年終於引起較大關注。2003年SARS病毒傳播至多個國家，很多科學家立即研發疫苗，而且將近成功。無奈疫情消退後，卻沒有藥廠願意花錢繼續研發，各國政府也不願意跟進。2020年新冠病毒肆虐全球，重症者往往需要呼吸機，但醫院卻大都缺乏。其實美國政府早已發現呼吸機過於昂貴而且笨重，決定委託一家公司發展新一代呼吸

機。無奈這家公司被競爭者收購後，競爭者為了保持售賣舊式呼吸機的高利潤，決定停止開發新的款式。這些例子告訴我們，沒有政府的介入，自由市場不一定能夠照顧社會的長遠利益。

健康和食物的關係密切，我們當然希望日常食品都是無害和有營養的。不過有研究發現，近數十年蔬菜和水果的營養，無論是蛋白質、礦物質或維生素的含量，都呈不斷下降的趨勢。[13] 有科學家認為，這是因為農場為了提高生產力和利潤，會選擇種植生長快速和外觀悅目的品種，營養並非主要考量。另外，現代工業化的種植方法，也易於破壞泥土質素。到底實情是怎樣，學者意見不一，但這是值得關注的問題。

此外，肥胖症在全球均呈上升趨勢。全球體重過重的成年人比過輕的人還要多。社會醫療負擔增加之餘，市民的生活質素也會下降。香港衞生署在2014年度進行的人口健康調查發現，約五成香港人超重和肥胖，近28%患有高血壓。[14] 全球肥胖人數最高的國家是中國，第二是美國。有經濟學家認為，肥胖症日益嚴重，是自由市場失效的例子。垃圾食物引起的健康問題，我們之前也討論過。自由市場除了滿足我們現有的慾望，也同時想盡辦法製造新的慾

---

13 White, P. J., & Broadley, M. R. (2005). Historical variation in the mineral composition of edible horticultural products. *The Journal of Horticultural Science and Biotechnology*, 80(6), 660–667. Davis, D. R. (2009). Declining fruit and vegetable nutrient composition: what is the evidence? *HortScience*, 44(1), 15–19.

14 香港立法會 CB(2)923/18–19(05) 號文件。

哲食之道

望，引誘我們購買一些不需要甚至對自己沒有益處的東西。

　健康以外，我們當然也追求快樂人生，但這個願望在自由市場能否兌現？2016年一項調查發現，香港是全球工時最長的城市，每周平均工時逾50小時，比全球平均高出38%。[15] 香港人每年大概工作2400小時，丹麥人是1546小時。香港有七百萬人口，人均GDP3.8萬美元；丹麥人口約六百萬，與香港接近，但人均GDP卻高達5.9萬。香港人花最多時間工作，但只有9%的人對自己的工作滿意。新加坡人口比香港少，但人均GDP卻有5.5萬，有14%的人對工作感到滿意。至於丹麥，竟然有35%的人非常滿意自己的工作，比香港高出將近四倍！

　可想而知，對很多香港人來說，工作與生活平衡只是空想。根據「世界快樂報告」排行榜（World Happiness Report），2020年全球城市的快樂程度排名如下：[16]

- Helsinki（芬蘭）　　　　　第1名　（7.828分）
- Aarhus（丹麥）　　　　　　#2　　（7.625）
- Wellington（紐西蘭）　　　#3　　（7.553）
- Zurich（瑞士）　　　　　　#4　　（7.541）
- 台北　　　　　　　　　　　#47　　（6.517）
- 新加坡　　　　　　　　　　#49　　（6.494）

15　http://news.mingpao.com/ins/instantnews/web_tc/article/20160525/s00001/1464149286045

16　https://happiness-report.s3.amazonaws.com/2020/WHR20_Ch3.pdf

✦ 上海	#84	(5.936)
✦ Benghazi(利比亞城市班加西)	#112	(5.508)
✦ 香港	#114	(5.444)
✦ Karachi(巴基斯坦城市卡拉奇)	#117	(5.432)

　　快樂是非常基本的人生價值。香港也許是首屈一指的自由市場，但如果生活得不快樂，自由市場的排名又有什麼價值？香港政府喜歡強調自由市場是香港經濟的基石，但市民付出了什麼代價？為什麼很多地方的經濟發展不比香港遜色，甚至超越香港，但人民更快樂？也許有人會把問題歸咎於香港近年動盪的政治環境，但這些問題由來已久，不是突然發生的。

　　資本主義的本質，是刺激需求，鼓勵消費，放大利潤。這不單是一種經濟模式，也是一種物質主義，通過媒體、教育、文化各種渠道塑造大眾對快樂的理解，把價值與經濟發展和個人消費掛勾。市場的自由，是繽紛多彩的消費自由，讓人們沉醉於物質享受。發展下來的結果，便是群眾的批判思考能力變得遲鈍，要求社會改革的呼聲被淡化。當權者也樂於利用這個局面為大眾洗腦，把嘗試改變社會的人標籤為不事生產、破壞繁榮穩定的滋事分子。遇上這些情況，我們必須裝備自己，多讀書，拓寬視野，不至於被物質和利益沖昏頭腦，認真反省何謂豐盛人生和理想的社會制度。

哲食之道

公地的悲劇

自由市場的交易，必然涉及買賣雙方，但也有可能影響沒有參與交易的第三者。比如買車會增加車輛的使用量，令交通擠塞惡化。雖然每單交易可能影響輕微，但積聚起來卻後果嚴重。煤、石油和天然氣等化石燃料會加劇空氣污染。有科學家估計，2012年全球有接近一千萬人因此死亡，佔全年整體死亡人數大約五分一。[17]

自由交易對第三者的影響，經濟學稱之為「界外效應」（externalities）。界外效應可以是正面的，例如聘請員工清除屋苑內的積水預防蚊患，鄰近居民也會受惠。只是，負面的界外效應又如何處理？交易雙方通常只會考慮自身利益，不會主動把這些代價計算入交易價格之內。經濟學家當然有很多不同的建議。只是，很多交易的負面後果都不容易計算，而政府也不一定有能力規管，例如鄰國飄過來的空氣污染便難以處理。

有機蔬菜很受歡迎，但很多人嫌貴，不願意購買。不過，與其說有機蔬菜太貴，倒不如說一般的非有機蔬菜太便宜。很多非有機的種植方法，所用的農藥和化學肥料會破壞環境和影響健康，但產品價格並沒有反映這些後果。有時候，一些廉價的進口急凍肉類，價錢比新鮮有機蔬菜

---

17 Vohra, K., Vodonos, A., Schwartz, J., Marais, E., Sulprizio, M. P., & Mickley, L. (2021). Global mortality from outdoor fine particle pollution generated by fossil fuel combustion: Results from GEOS-Chem. *Environmental Research*, 195, 110754. 綠色和平東南亞分部2020年的報告則估計全球每年有450萬人因化石燃料引致的空氣污染過早死亡（《奪命空氣：化石燃料的代價》）。

還要便宜。這個差價不會計算動物所受的痛苦，也沒有考慮到畜牧業帶來的污染以及對公共衛生的影響。畜牧業耗用大量水土資源，很多地方為了興建牧場而不斷砍伐熱帶雨林。有荷蘭學者估計，豬肉價格如果要反映破壞環境的負面界外效應，售價至少要提高三成。[18]

經濟學和生態學有個概念稱為「公地的悲劇」（Tragedy of the commons）。「公地」原本是指「公家的牧地」，通常是農村裏的一片公有草地，所有村民都可以放牲畜到這裏吃草。有學者以此作比喻，解釋為何公共資源常被濫用。假設草地大概只能養活一百頭牛。一百名村民每人養一頭牛，是個可持續的安排。如果有一名自私的村民偷偷多養一頭牛，這樣做對草地影響不大，而這名村民也可以得到更多利益。不過，若然很多村民都這樣做，草地只怕承受不了，遲早變成一片爛地，不能再用來牧牛。

這個例子的訊息很清楚：人的行為通常是以自己的短期利益為依歸；如果無法有效協調或自我約束，有限的公共資源很容易會被過度使用以致枯竭，最後所有人都會受害。這正如哲學家亞里斯多德所言：「最多人共同擁有的東西，往往得到最少的照顧。」[19]

自由市場為我們帶來前所未有的豐富美食，但自然資源不斷被消耗，一幕公地的悲劇正在上演。我們已經討論

18 Van Drunen, M., Van Beukering, P., & Aiking, H. (2010). *The true price of meat.* In *Meat the Truth, Essays on Livestock Production, Sustainability and Climate Change* (pp. 87–104). Nicolaas G. Pierson Foundation.

19 《政治學》1261b32。

哲食之道

過農業和畜牧業對陸地資源的破壞，人類對海洋生態也同樣造成災難。塑膠垃圾在海洋積聚，形成龐大的垃圾帶，嚴重威脅海鳥和其他海洋生物。單是在太平洋飄浮的垃圾帶，面積估計等同三個法國。塑膠垃圾分解而成的微塑膠在食物鏈積聚，對海洋生物和人類健康的威脅不容忽視。有科學家在人類的肺部和肝臟等主要器官的樣本中，都發現塑膠微粒。另外，溫室效應導致海洋溫度上升，大量珊瑚白化死亡，帶來一連串的連鎖反應。還有，近年很多人因為健康或者其他理由而多吃魚。先進的捕魚技術，例如聲納和拖網，令魚群消失殆盡，破壞海洋生態。科學家估計，自1950年代開始，全球海洋有90%的大型魚類已經因此絕跡。[20]

這些問題，不能單靠強調「企業社會責任」來解決。我們固然可以教育消費者，改變他們的行為，但成效有限。更重要的，是公民社會必須組織起來，督促政府立法監管。以漁業管理為例，自由市場很難會演化出業界自律的措施。不少國家因此會訂立休漁期，定期禁止在指定水域捕魚。其他限制漁獵的政策可能包括禁止使用某些捕魚工具，又或限制漁獲的數量、品種和大小。例如捕捉龍蝦的數目會有上限，長度過小的年幼龍蝦也要一律放生。

這些政策有一定效果，可以幫助海洋休養生息，但也並不足夠。非法捕魚在很多地方都十分普遍，公海濫捕更

20　Myers, R. A., & Worm, B. (2003). Rapid worldwide depletion of predatory fish communities. *Nature*, 423(6937), 280–283.

是難以制止。很多國家會為漁民提供燃料補貼，變相鼓勵他們出公海捕魚。海洋魚類現正處於滅絕邊緣，要解決這個問題，長遠來說必須成立國際性的海洋生態保護區，並且有效地監察。各國政府是否有這個合作意願，顯然令人懷疑。事實上，人類現在很多共同面對的危機，無論是公共衛生或是環保和污染問題，都需要國際社會攜手合作才能解決。問題是近年國與國之間的衝突和矛盾日益加劇，我們如何才能走出這個困局？

經濟增長以外

　　中共已故領導人鄧小平有句名言：「發展才是硬道理」。談起發展，很多人會想起GDP（國內生產總值）。GDP是一個地區所有產品和服務的產值的總和，包括了所有政府開支、個人和企業消費，以及投資和淨出口額。GDP增長率向來被視為經濟的晴雨表，而人均GDP也經常用來量度一個國家的發展狀況。GDP的起跌有時甚至決定了政客的仕途，難怪有些官員會為了美化數據而造假。

　　GDP這個指標的歷史起源，與戰亂和經濟動盪有莫大關係。戰爭需要金錢，政府為了規劃經濟和發債，需要知道國家的整體經濟狀況，因此開始有系統地收集這方面的數據。1930年代美國經濟大蕭條，百業凋敝。美國經濟學家庫茲涅茨（Simon Kuznets）協助分析形勢，制訂了評估「國民收入」（national income）的標準。庫茲涅茨的研究奠定了日後計算GDP的基礎，他因此常被譽為「GDP之父」。

哲食之道

有趣的是，庫茲涅茨認為解讀這些經濟指標時要非常小心。他特別強調國民收入並非代表人民的福祉。不少學者也警告別誤以為經濟增長率象徵社會進步，愈高愈好。GDP的侷限主要分四方面。第一，GDP是經濟活動的總和，並不反映財富分佈是否公平，以及弱勢社群的生活水平。第二，GDP不會計算市場以外對社會有貢獻的行為。父母盡心照顧子女對GDP沒有直接貢獻，要聘請家務助理才行。知識和科技的增長，也不容易量度。第三，GDP忽視可持續發展的重要性，不會顧及經濟發展對生態環境的破壞。第四，GDP不一定能夠反映經濟活動的真正價值，例如軍事開支和投機性的炒賣可能涉及龐大的金額，但對社會未必特別有建樹。交通擠塞降低生活質素，但卻增加燃油消費，提高GDP。

庫茲涅茨雖然是GDP之父，但他再三強調，經濟增長是否有價值，視乎增長的是什麼東西，以及為了什麼目的。經濟學家沈恩（Amartya Sen）與庫茲涅茨同是諾貝爾獎得主。沈恩認為GDP忽略了社會一些寶貴但較難量化的價值，例如生活質素和幸福。為了彌補GDP的不足，沈恩與同僚協助聯合國制定了「人類發展指數」（Human Development Index），指數主要量度一個地區國民的壽命、教育和收入水平。2010年，聯合國推出修訂指數IHDI，加入了社會資源是否平均分配這個評核項目。

其實沈恩認為這些發展指數過於粗疏，用途有限。不過，他也明白對很多人來說，一個簡單的數字比一籃子

數據容易理解。時至今日，類似的指數比比皆是。其中會同時估算環境和社會狀況的指數包括：真實發展指標（Genuine progress indicator）、可持續經濟福利指數（Index of sustainable economic welfare）、永續發展目標指數（Sustainable development goals index）等等。

眾所周知，中國近年經濟急速發展，對環境造成了很大的破壞。2004年，中國總理溫家寶宣佈，將會以「綠色GDP」取代原有的GDP數據。綠色GDP是從GDP中減去環境和自然資源受損的成本，經調整後的經濟增長速度當然會降低。根據世界銀行2007年的估計，單是空氣和水源污染，已對中國的GDP造成大概每年3.5–8%的損失。[21] 環保當然是好事，只是有研究指出，中國的地方官員如果能夠提升當地的GDP，通常對仕途有幫助，但花錢改善環境卻適得其反。[22] 據說「綠色GDP」計劃因此受到不少地方官員抵制，結果不出三年便壽終正寢。[23]

發展經濟之餘，到底應該如何保護環境和改善人民的生活？有不少人建議推動「綠色經濟」，政府牽頭實行符合環保原則的經濟措施，以及鼓勵企業重視社會公平和

---

21 World Bank. (2007). *Cost of Pollution in China: Economic Estimates of Physical Damages*, D.C. : World Bank Group. 中國政府官方估計，2004年因污染造成的經濟損失佔當年全年 GDP 的 3.05%。

22 Wu, J., Deng, Y., Huang, J., Morck, R., & Yeung, B. (2013). *Incentives and Outcomes: China's Environmental Policy* (No. w18754). National Bureau of Economic Research.

23 紐約時報中文網的報導：https://cn.nytimes.com/china/20130415/cc15wangqiang/zh-hant/

哲食之道

可持續發展。北歐國家普遍被視為綠色經濟的典範。這些國家大體上經濟穩定，稅率雖然高，但福利制度完善，生活質素高，社會也比較平等。北歐國家奉行民主，尊重人權，政府相對廉潔，國民教育水平高，而且富環保意識和創新能力。以一般的社會和經濟指標來評價，這些國家可算非常成功，令人羨慕。

不過，北歐模式背後有獨特的歷史和環境因素，未必能夠移植到其他地方。此外，北歐國家的真實狀況也不如人們所想般完美。就環保而言，北歐國家積極推動再生能源，大力推廣公共運輸和回收再造，確實成果驕人。只是，如果以人均計算，他們的能源和資源消耗、碳排放，以及生態足印都高於大部分國家。有學者估計，如果全人類的消費模式都跟從北歐國家，我們起碼需要四個地球才行。以綠色經濟維持高質素生活，難道只是一個美麗的謊言？

投資銀行摩根士丹利最近發表報告，承認現時的經濟發展方向不可持續，溫室效應將會帶來巨大的災難。報告認為，很多預測都低估了氣候變化引致的健康及經濟損失，而地球的困境反映全球市場失效，因為製造碳排放的消費者和企業都不用對氣候變化負責，無須為此付錢。大型投資銀行高盛，已承諾不再投資新的煤礦，以及不會為開發北極油田的計劃融資。投資銀行大多政治保守，最關注的是利潤而非社會福祉。這些舉動反映氣候變化危機已迫在眉睫，人類若不痛下決心作出重大改變，恐怕將自食惡果。

很多消費者、公司和投資者都明白溫室效應的嚴重性，也因此作出了一些實質改變。年輕新一代的環保意識較強，他們可能會刻意減少使用即棄塑膠，避免無謂的消費，甚至嘗試素食。這些行為當然值得鼓勵，但溫室效應其實是現代社會的一個結構性問題，我們在本書前幾章也討論過現代畜牧業對氣候的影響。如果沒有宏觀的政治和經濟政策配合，個人的改變恐怕難以改寫氣候變化所帶來的災禍。

　　瑞典環保少女Greta Thunberg 16歲時呼籲全球學生「為氣候罷課」，重新喚起很多人對氣候變化的關注。2019年她出席在紐約舉行的聯合國氣候變化大會。Thunberg為了減低碳排放，決定以帆船橫過大西洋到紐約而不坐飛機，卻被很多人批評為「作秀」。我認為作秀與否並不太重要。更多人關注環保議題是件好事，但關鍵是要把關注變成行動和政治力量。要達到這個目的，每個人有不同的角色。資本主義和自由市場沒有單一的面貌，視乎我們對法律和政治制度的選擇。人類社會雖然不斷進步，但也正在面對史無前例的危機。我們現有的體制，顯然不足以解決問題。我們應該把眼光放遠一點，思考自己對社會改革可以有什麼貢獻。我們並非每個人都要站在最前線，做革命先鋒，但我們起碼不要加深地球的危機，阻礙社會進步，這樣我們才不會愧對下一代。

哲食之道

討論

1. 你認為我們應該如何理解「自由市場」和「公平競爭」？

2. 界外效應可以是好的，也可以是壞的。請你兩邊都列舉一些例子。

3. 跨國企業聘用「童工」是否必然是剝削？有人可能認為在貧窮國家，這反而是增加當地家庭收入的方法。你有什麼意見？

4. 維護文化價值包括保護環境和古蹟，但這些政策可能得不到市民認同。例如有意見可能贊同開發綠化地帶或拆卸古蹟來建造房屋，令較多人受惠。你是否認同這些想法？這些不同的價值取向應該如何取捨？

5. 氣候變化的危機需要世界各國共同努力才能解決，你對前景是否樂觀？

6. 本章主要討論一些對資本主義和自由市場的批評，但更重要的是如何改革這些制度。對此你有什麼建議？

8

道德的客觀性

富良野是日本北海道的著名景點。很多遊客喜歡參觀當地的薰衣草田，邊欣賞風景邊享用薰衣草雪糕。坦白說，我不太喜歡這種雪糕，覺得好像在吃香水一般。那麼，「薰衣草雪糕好味道」這句說話孰真孰假？相信很多人會認為沒有正確答案：有人會說美味，有人卻覺得難吃，所以這句子既非真確，亦非錯誤。

不過，「薰衣草雪糕含有水份」便不一樣了。雪糕通常用牛奶或忌廉製造，所以包含水份，就算是植物奶製成的純素雪糕也一樣。不信的話，可以做化學測試來證明。所以「薰衣草雪糕含有水份」所描述的是客觀事實，並非因人而異。

本書前半部的討論大多與道德有關，涉及公義、平等、行為對錯等問題。道德判斷並非純粹描述事實，而是有規範性(normative)，能視為行為或道德價值的指引。「你吃掉所有雪糕」只描述事實，沒有道德判斷；但「你吃掉所有雪糕實在是太自私了」便是一個道德判斷。這個句子並非只是形容某人進食的份量，而是對這個人的行為作出批評。日常生活的道德判斷，有沒有對錯可言？表達

道德判斷的句子，到底與「薰衣草雪糕好味道」相似，沒有對錯，還是和「薰衣草雪糕含有水份」一樣，闡述客觀的事實？

利己利他

有些人認為道德沒有客觀性，是騙人的謊言。人的本性是追求名利和權力，以滿足一己的私慾。所有行為歸根究柢是為了自身的利益。有些人滿口仁義道德，可能只是渴求別人的讚賞。

不過，世上也有許多人並沒有把道德掛在口邊，而是無怨無悔地貢獻社會。有些人甚至願意為別人犧牲自己的性命，這算不上無私嗎？一個常見的回應是：他們這樣做也是為了自己。他們可能希望上天堂，或避免良心的責備，讓自己感到滿足。人必然是自私的，聖人也不例外。

我認為這個解釋比較牽強。首先，做一些對自己有益的事情不一定就是自私。吃飯充飢是為了自己，但這不等同自私。自私是和朋友吃飯時把最美味的東西吃掉，而不願意和他人分享。這是為了自己而不合理地忽略其他人的利益。此外，自發的行為必然有某些動機。這些動機反映了個人的價值觀，但跟從自己的價值觀不等於是為了私利。行為的動機可以不止一個，例如當義工可能是希望幫助有需要的人，順便結識一些新朋友，擴闊社交圈子。這種利人利己的行為不算自私。有些人參與慈善活動只是為了沽名釣譽，完全沒有造福社會的意圖。這顯然是自私的

行為，與前者分別很大。把兩者等同，是過分簡化我們做人處事的動機。

以上的討論，是針對「人皆自私」這個講法。另外有意見認為，雖然事實上並非每個人都自私，但自私沒有錯，我們不應譴責。「人不為己，天誅地滅」，為自己的利益籌謀，自然不過。資本主義社會之所以成功，就是依賴人類自私的天性，來推動社會進步。

這個想法有兩點要考慮。第一，自私的行為如果不受限制，大家鬥個你死我活，世界便變得十分恐怖。人類文明得以進步，乃源於人們願意為自私的行為訂立界限。只是，如果我們同意自私的行為必須受到約束，這個立場與認同道德是客觀的不一定有衝突。況且，平等和公義的社會，對大部分人有利。這些成果並非上天賜予，而是前人經過艱苦奮鬥爭取回來的。如果每個人都唯利是圖，這些重要的價值很快便會被蠶食以至消逝。

第二，自私自利不一定能令人滿足。相信大家也認識一些朋友，表面上關心別人，但其實非常自我中心，甚至是在利用你。對於這種所謂「朋友」，很多人都會逐漸疏遠。相反，心存厚道又有義氣的人，不會斤斤計較；他們往往相識滿天下，生活得更精彩。當然，利他不一定利己。如果不懂得拒絕無理的要求，常常被人佔便宜，這樣便很容易積聚怨氣。所以，幫助別人不保證會快樂，但我們也不可以斬釘截鐵地認為，自私自利才會生活幸福。

以上的兩點考慮，主要指出道德對社會和個人來説都

可以帶來好處。不過，有這個可能性也不代表必然如此。好人未必有好報，道德情操高尚的社會也可以被獨裁國家殲滅。既然如此，為什麼我們還要遵守道德？為何不是在對自己有利的時候才當一個好人？這個問題不是沒有答案，而是答案未必會令人滿意。很多人相信天理循環，報應不爽，又或歷史是公正的。這些信念，可以給予我們遵守道德的動力，但一項行為是否正確，並非源自這些考慮。正確的行為如果能為自己帶來益處，這當然值得高興；但道德上正確而不利己的行為，卻依然是正確的。

　　當然，很多人會問：「為什麼要做正確而不利己的事？」這個「為什麼」是什麼意思？「為什麼」通常預設了一些評估理由的準則。焗海綿蛋糕時，我們會把蛋白和蛋黃分開打發。如果有人問為什麼這樣做，我們會解釋是為了增加氣泡，令蛋糕更鬆軟。只是，這個解釋並非意味我們有道德責任去增加氣泡，而提問的人也並沒有要求一個合乎道德的解釋。要解答「為什麼要做正確而不利己的事？」，我們便要弄清楚這個問題屬於哪個類型。如果問題是要解釋為何這樣做會對自己有益，答案自然是「沒有理由要這樣做」。不過，做一件事情並沒有自利的原因，也不代表背後沒有客觀的道德責任。另一方面，如果問題是有什麼道德理據要做正確而不利己的事情，唯一的答案恐怕便是「因為這是正確的」，而沒有更基本的解釋了。如果發問者對這個回應並不滿意，他有責任解釋清楚他的問題應該如何理解。

哲食之道

道德與宗教

　　有些人認為，客觀的道德規條必然是放諸四海而皆準。然而，人類訂立的道德規條只能反映社會的主流共識，這些共識隨時間和環境而改變，因此沒有客觀性。客觀道德的唯一基礎便是上帝。若然上帝不存在，道德對錯根本無從定斷。

　　不過，為何客觀道德需要神的存在？兩者有何關係？根據所謂「誡命論」（divine command theory），答案很簡單：神命令我們做的事情便是對的；相反，神所禁止的行為便是錯的。例如《聖經》的十誡其中兩條是要尊敬父母和不可謀殺。十誡是上帝頒佈的命令，所以尊敬父母是對的，謀殺則是錯的。如果沒有上帝，當然便沒有上帝的命令或禁令，亦即沒有道德。誡命論也說明為何遵從道德對我們有利，因為如果行為不合乎道德，只怕會遭受神的懲罰。

　　接受誡命論的人不一定是教徒。有些無神論者也同意誡命論，但他們認為沒有上帝，所以也不相信有客觀道德。不過，神是否道德的客觀基礎，蘇格拉底在二千多年前已經討論過，並且提出非常有力的批評。[1] 蘇格拉底指出，如果道德純粹取決於上帝的命令，沒有其他獨立的準則，那麼無論上帝命令我們做什麼，那都會變成道德上正確的行為。只是，道德準則不是這樣毫無規範地任意決定的。試想想，假如《約翰福音》第15章12節不是說「你們要彼此相愛」，而是說「你們要互相殺戮」，難道互相殺

1　這項批評英文通常稱為 Euthyphro dilemma。

戮便是對的？這顯然是荒謬的，所以誡命論並不正確。

有一個回應是，全善的上帝不會命令我們互相殺戮。不過，認為上帝絕不會下這個命令，似乎與誡命論不符。根據誡命論，上帝的命令是訂立客觀道德的唯一基礎，不受任何其他條件所規限。如果上帝因為自己全善的本性而不能或不願意命令我們互相殺戮，這正顯示道德的基礎並非源於上帝的旨意，而是來自其他標準。換句話說，神是知道什麼東西是對的，才命令我們去做，而非因為祂命令我們去做這件事，所以這件事便是對的，那是倒果為因。

當然，這項對誡命論的批評，最多只能證明道德並非來自上帝的命令，但不能證明沒有上帝。相信上帝存在的人，可以放棄誡命論，或以其他方法來解釋道德的基礎。

相對主義

莎士比亞名劇《哈姆雷特》有這句對白：「世事沒有好壞之分，只視乎你的想法。」很多人也是這樣看道德。根據「道德相對主義」，道德就像口味一樣。不同的道德標準，背後有其獨特的歷史和文化背景，沒有客觀對錯之分。所謂「正確」的道德，只不過是社會運用武力、宗教或群眾力量來維護的主流價值而已。

很多人認為，人類社會道德分歧廣泛，印證了道德相對主義。以婚姻為例，現代社會大多奉行一夫一妻制，但以前在中國三妻四妾並非罕有，而很多伊斯蘭國家到今天還是容許一夫多妻的。至於一妻多夫的制度，也有社會奉

行。對於其他行為，比如墮胎、殺嬰、婚前性行為、同性戀、戀童、吃狗肉、吃人肉、奴隸制、死刑、酷刑、安樂死、民主選舉等，人類歷史同樣沒有單一的道德標準。

不過，意見有分歧不等同沒有客觀對錯。有關科學的事實，看法一樣可以有嚴重的分歧。很多人不相信溫室效應，也不相信疫苗可以預防疾病，有些人甚至到今天還認為地球是平而不是圓的。我們不會純粹因為有不同的意見，便認為沒有客觀對錯，以至所有意見都有道理。

此外，不同社會看似道德上有分歧，背後卻可能有更基本的共識。在英國，汽車靠左行駛，但美國則是靠右。應該靠左還是靠右沒有正確答案，但大家都同意，在同一個國家，全部車輛都在同一邊駕駛會較為安全。同樣，儘管不同文化的道德分歧看來很大，但背後也可以有共通之處。人類學家發現，很多促進合作的行為，例如幫助親人和所屬的群體，對別人的襄助作出正面的回應，是絕大部分文化都認同的，屬普世的道德價值。[2]

有些人接受道德相對主義，是因為他們相信一切都是相對的，不單是道德。他們認為，所謂「真理」，只是不同的觀點與角度，是權力建構出來的意識形態。上帝是否存在並沒有正確的答案，「信則有，不信則無」。科學也是反映某些學術權威的偏見而已。

2　Curry, O., Mullins, D., & Whitehouse, H. (2019). Is It Good to Cooperate? Testing the Theory of Morality-as-Cooperation in 60 Societies. *Current Anthropology*, 60(1), 47–69.

這個極端的立場，可以稱為「全面相對主義」。這個理論有自我推翻之嫌，因為如果客觀真理不存在，那麼「世間沒有客觀真理」這句說話便必然正確，也就是說至少有一條客觀真理！這豈不是自相矛盾？

還有，如果沒有客觀真理，那麼所有理論和證據都沒有客觀的好壞對錯之分。這個結論有沒有人真心相信？若然有相對主義者認為「吞服大量砒霜容易導致死亡」不是客觀地正確，我們大可請他親身試驗。

全面的相對主義也許站不住腳，但侷限於道德的相對主義又如何？有些人認為，現代多元社會應該放棄普世的道德價值。如果道德是相對的，沒有高低之分，那麼便沒有人能夠站在道德高地，打壓弱勢社群和小眾文化。道德霸權既然不復存在，所有價值觀自然一律平等。這樣我們便能真正保障言論自由，落實多元文化。

只是，這個立場也有可能自相矛盾。多元文化講求包容，但如果包容是客觀的價值，那麼道德便不是相對的了。相反，如果包容並非客觀的價值，相對主義便不能支持多元文化。相對於自由主義，我們應當尊重不同意見；相對於極權主義，政府應該處決異見分子。如果所有價值觀都要包容，我們豈不是要同時包容極權主義？提倡自由和擁抱多元文化，是對客觀道德予以肯定。哲學家波普爾說過，無底線的包容，最終只會令包容消失。

事實上，我們對道德上的分歧，不一定表示包容和尊重。很多人對素食、墮胎、民主等議題持有強烈意見，甚

哲食之道

至因此與人爭論到臉紅耳熱。因政見不同而與家人鬧翻也絕非罕見。如果道德判斷沒有對錯，何須如此執着？舉個例子，你說現在天氣很好，你的朋友卻說正在下大雨。你們不是互相矛盾嗎？不過原來你們身處異地，東邊日出西邊雨，所以根本沒有矛盾。一旦我們明白天氣因地而異，我們便不會再追問「現正下大雨」是否真的正確。只是，道德爭論通常不是這樣。我們可以清楚明白彼此的立場，但依然據理力爭。

因時制宜

據我觀察，很多人贊同道德相對論，是因為混淆了「道德是否絕對」與「道德是否客觀」這兩個問題。絕對的道德，是指一項行為的對錯並不會因情況而轉變 —— 錯誤的行為在任何情況都是錯的，對的行為永遠都是對的。

以說謊為例，著名德國哲學家康德認為說謊必然是錯的。他甚至相信，如果有朋友躲在你家逃避追殺，當殺手走來問你他的去向，你也不能為了引開殺手而說謊。這個極端的立場，相信大部分人都不會認同。[3] 日常生活為了方便或避免尷尬而講大話，我們會覺得無傷大雅。如果有朋友不幸患上胰臟癌，一般人會說些安慰說話，例如「你一定會康復的！」，而不是「根據統計你有 93% 機率在五年內死亡。」

說謊並非絕對地錯，但殺人來吃又如何？春秋時代宋

3　不過也有意見認為這是誤解了康德。

國被圍缺糧，老百姓只能交換子女「易子而食」，這是否可以原諒？英國有一單著名的法律案例「女王訴杜德利與斯蒂芬案」（R v Dudley and Stephens），是關於兩名船員遇上海難困在救生艇上沒有食物，所以殺死另一名船員來充飢。法官認為謀殺不會因危難而變為合理，判處兩人死刑。看來這位法官相信殺人來吃是絕對地錯的。不過這兩名船員最後獲英女皇維多利亞特赦減刑。

至於墮胎，有保守意見認為理應禁止，因為生命是神聖的。有些人則認為墮胎只能在特殊情況下進行，例如因姦成孕，又或當胎兒威脅到孕婦的性命。當然，也有很多人認為只要仍是在懷孕初期，婦女有自由選擇墮胎。不過，要注意的是，這些立場與接受客觀道德沒有衝突。認為墮胎必定是錯的，當然接受客觀道德；但認為墮胎的對錯視乎情況，也是一樣。這個立場，只是説墮胎在某些情況是客觀地對，在另一些情況則是客觀地錯，這並不等同道德相對主義。[4] 根據道德相對主義，無論是什麼情況，墮胎都沒有對錯之分，只有不同的觀點與角度。

綜合以上的討論，有關道德的客觀性，有三個立場需要區分：

1. 道德是絕對的。
2. 道德視乎情況而定。
3. 道德是相對的。

4　他們甚至可以認為，墮胎在某些(但不是所有)情況，沒有對錯之分。

哲食之道

第一和第二個立場，均接受客觀道德，第三個立場則不然。我們可以用說謊為例來說明箇中差別：

1. 說謊絕對地錯。也就是說，任何時候都不應該說謊。
2. 說謊在某些情況是錯的(例如在法庭宣誓)，但在另外一些情況則沒有錯(例如遇上電話傳銷，務求儘快脫身)。
3. 無論在任何情況，說謊都既不是對，也不是錯。

以上第一個立場屬於康德的觀點。第二個立場則與一般人的想法較為接近，這也是哲學家亞里斯多德的立場。亞里斯多德說過，寬厚的人有時會為了自謙而講大話，那不應責備。亞里斯多德也認為，道德規條大多關乎正常情況的做法，沒有可能涵蓋所有情況而絕對地正確。[5] 孝敬父母好像理所當然，但天底下不稱職的父母也有不少。傷害無辜是錯的，但有時為了避免釀成更大的災難，我們也可能被迫犧牲一些無辜的人。

很多人認為道德並非黑白分明，所以接受道德相對主義。不過，反對絕對的道德規條，可以是因為道德對錯視乎情況而定，而非道德是主觀或是相對的。根據道德相對主義，道德對錯根本與實際情況無關，因為道德問題永遠沒有正確的答案。

如果道德是客觀的，那麼到底有沒有行為永遠是對或永遠是錯，抑或一切視乎情況而定？我認為這要考慮兩個

5　《尼各馬科倫理學》1094b。

問題：第一，行為的對錯，是否必然取決於後果？若然如此，一件原本是正確的行為，如果在某個情況會造成很壞的後果，便會變成錯，也就是說沒有絕對性。第二，「行為」應該如何界定？一件行為的定義能否包括其後果？例如，「折磨嬰兒」好像是錯的，但倘若有嬰兒患了怪病，必須折磨他一分鐘才能治癒，折磨嬰兒在這個情況便可能無可厚非。只是，如果把行為的定義收窄，把「折磨嬰兒」改成「純粹為了貪玩而折磨嬰兒，令其受苦，卻沒有任何其他良好後果」，這樣的行為就可能屬於絕對地錯。如是者，絕對的道德是否存在，涉及語言上的問題，要看我們如何理解何謂一件行為。未知大家是否同意？

　　本書前半部主要只討論有關飲食的道德問題，所以本章補充了一些關於道德基礎的爭議。道德是否客觀和絕對，當然還有很多值得探討之處，但篇幅所限，只能到此為止。接下來的兩章，我們轉而探討食物與藝術之間的關係。

討論

1. 全面相對主義說「一切都是相對的」。一種常見的批評是，如果一切都是相對，那麼「一切都是相對的」便不是相對的了，所以全面相對主義是自相矛盾的。(1)你是否同意這個批評？(2)有一項回應是把全面相對主義稍作修改，變成「除了這句話以外，一切都是相對的」。這個立場又是否合理？

2. 如果有人認為酷刑在道德上是絕對錯誤的，但說謊有

哲食之道

時候在道德上沒有問題，這立場是否前後不一致？

3. 文中提到誡命論的最大問題是容許一些道德上錯誤的行為變成正確。假設有人這麼回應：「若果上帝命令我們作出不合乎道德的行為，背後必定有一些我們未能明白的原因。例如上帝命令我們殺死一個看似無辜的人，可能那個人其實做了很多壞事，死有餘辜。」這個回應有什麼問題？

4. 如果宇宙沒有任何生物，只得一堆石頭，沒有痛苦和快樂以及其他心理現象，那麼在這個宇宙，還有沒有錯誤或正確的道德行為？

5. 很多人說：「己所不欲，勿施於人」，你同意嗎？有什麼反例？

6. 你認為酷刑是否可以接受？在以下情況你認為應該怎麼辦？(1)有一名恐怖分子在鬧市埋下一枚計時炸彈，準備殺害很多人。恐怖分子被捉拿後，不肯透露埋藏炸彈的地點。你是否同意折磨恐怖分子，逼他和盤托出？(2)假設這名恐怖分子不怕酷刑，但他有一個心愛的年幼女兒。如果在他面前折磨這個小孩的話，恐怖分子便會合作，你認為應否這樣做？

9

食物藝術

　　靜物素描是習畫的必經階段，一般會從畫蘋果開始。印象派大師Cézanne有幾幅著名靜物畫也有繪畫蘋果。其實，不少藝術品都以食物為題材。《翠玉白菜》是臺灣故宮博物館的鎮館之寶，那是以完整翡翠琢碾而成的白菜雕塑。美國現代藝術家Andy Warhol也有一系列以金寶湯罐頭為主題的絲印畫。不過，食物除了能作為藝術題材，食物本身能否成為一件藝術品？

　　如果此問是指能否以食物製作藝術品，答案當然是可以的。意大利藝術家達文西(Leonardo Da Vinci)的名畫《最後晚餐》便用了蛋彩，一種混入了雞蛋黃的顏料。雕塑通常是用木、石頭、金屬等材料製作，但原則上我們也可以用紅蘿蔔、南瓜、蛋糕甚至牛油，只是成品較難保存而已。

　　不少現代裝置藝術都以食物作為素材。德國前衛藝術家Joseph Beuys (1921–1986)會用脂肪、檸檬、香腸、朱古力等食物來表達不同的意思。另一位藝術家Rirkrit Tiravanija有一件作品稱為Untitled (Free)。他在紐約一間畫廊內請參觀者吃泰式咖哩飯，吃飯這個過程變成了行為藝術。觀眾踏入畫廊，成為藝術品的一部分，而藝術品裏的咖哩飯也

成為觀眾身體的一部分。中國藝術家宋冬也有類似的一系列作品《吃掉城市》。他在不同城市用餅乾搭建該城市的模型，然後請觀眾一同把模型吃掉，象徵慾望如何建造和摧毀一個地方。

這些獨特的作品讓我們思考藝術品與觀眾之間的關係，但食物的角色是作為藝術品的媒介（medium），而非一種獨立的藝術類型（genre）。我們熟悉的藝術類型包括音樂、雕塑、建築、舞蹈、文學、戲劇、電影等。藝術媒介則是用來製作藝術品的材料，比如木材、金屬、塑膠。雖然食物可以是製作藝術品的材料，但這並非表示食物是一種獨立的藝術類型，而食物的味道和烹調技巧也未必是作品的焦點。如果藝術家Tiravanija請參觀展覽的人吃熱狗而非咖哩，這項改動不會影響作品的藝術價值和意義。相反，在高級餐廳進食，食物是主角，我們對食物的色香味較有期望。在這些情況，食物本身又能否成為獨立的藝術類型？如果美食也可以是藝術，它的地位和價值與其他類型的藝術品有沒有分別？

藝術形式

吃飯通常是為了飽肚，但在畫廊吃咖哩卻是為了體驗藝術。也許有人會認為，家常便飯便不能成為藝術品，因為兩者目的不同。愛爾蘭作家Oscar Wilde說過：「所有藝術都是沒有用處的」。他的意思大概是：藝術是為了表達

獨特的情感，不是為了實際用途。[1] 不過，藝術創作的動機是否一定要這樣單純？不少名畫和雕塑旨在宣揚宗教；建築物的設計往往是從實效出發，但建築也可以是藝術。蘇聯音樂家拉赫曼尼諾夫（Sergei Rachmaninoff）的第三鋼琴協奏曲舉世聞名，但據說拉赫曼尼諾夫作曲原是為求到美國巡迴演出，賺錢買車。

食物能否成為藝術品，帶出一個基本問題：藝術品要符合什麼條件？要解答這個問題，我們可以嘗試為「藝術品」下定義。例如數學老師要解釋什麼是「質數」，會說「質數」的定義是「任何大過 1 的自然數，而且只有 1 和它自己可以把這個數整除」。有了這個定義，我們便明白為何 2、3、5、7 是質數，而 4、6、8、9 則不是。

那麼「藝術品」的定義又是什麼呢？首先，藝術品有一個必要條件，便是藝術品必然是一件人工製品。劉海粟描繪黃山的潑墨山水畫，是不折不扣的藝術品。真正的黃山雖然氣勢磅礡，甚至比畫更美，卻始終不是一件藝術品。

有人可能認為藝術品不一定是人造的。泰國有人會訓練大象繪畫來吸引遊客。除了動物，也許機器也可以作畫。2018年，一幅人工智能創作的畫在拍賣行竟然以 43 萬美元成交。不過，大象能夠思考，而人工智能程式也是由程式開發員來編寫，所以我們也許可以説，藝術品雖然不一定是人工製品，但起碼要直接或間接通過思考等心理現

1　詳見Wilde在1891年寫給Bernulf Clegg的信件內的解釋。信件收藏於The Morgan Library & Museum。

象創造出來。除非世上有造物主，否則黃山風光再美也不是一件藝術品。[2]

那麼，我們可否把「藝術品」定義為「漂亮的製成品」？這也未必正確。毛公仔、衣服和髮型，都可以很漂亮，但我們通常不會視作藝術品。況且有些作品很難稱得上美麗或漂亮，但依然可以極富藝術價值。例如著名的肖像畫家Francis Bacon (1909–1992)，他畫的人大多面容扭曲，血肉模糊，令人不安和恐懼。儘管如此，他的作品《盧西安‧佛洛伊德肖像的三幅習作》卻在2013年的拍賣以逾1.4億美元成交，打破當時的世界紀錄。

為什麼一幅令人不安的畫也可以是藝術品？一種答法是，藝術品不一定令人舒服和快樂，但卻要有美感。這種美感並非漂亮的意思，而是一種正面的審美情緒(aesthetic emotion)。悲傷的音樂、小說和電影，也可以十分淒美。有些人認為，藝術品的本質，在於引發這一種美學上的獨特情感。

「形式主義」(formalism)是著名的藝術理論。藝術評論家與美學家貝爾(Clive Bell, 1881–1964)是形式主義的主要提倡者。貝爾認為，構成一件藝術品的關鍵，是擁有特殊的形式(significant form)。以視覺藝術而言，形式包括點、

2　藝術品必須透過心理現象來產生這個說法並非沒有爭議。有反對意見認為，藝術家在沙灘撿起一塊浮木放在藝術館展覽，原則上也可以構成一件藝術品，但木頭卻不是製成品。也許我們可以回應，嚴格來說浮木確實不是製成品，但選擇把浮木放在展覽廳，改變了浮木的環境和狀態，整個裝置便是心理現象的產物。黃山雖然漂亮，但我指着黃山說這是我的藝術創作卻不能把黃山變成藝術品。

哲食之道

線、空間、色彩等元素的組合，而組合可以有不同的結構、平衡、對比等關係。根據形式主義，當一件製成品的特殊形式使我們產生正面的審美情感，它便是一件有價值的藝術品。

貝爾希望以「形式」來解釋視覺藝術的基礎。視覺藝術包括了畫、雕塑、陶瓷甚至地毯和刺繡等以視覺來欣賞的藝術類型。不過，有支持形式主義的人認為，這個理論也可以應用到其他例如音樂等非視覺藝術。一首優美的樂曲，也可能是藉着聲音的組合來構成特殊的形式，令聽眾產生正面的審美情感。既然如此，如果食物味道配搭得宜，說不定也可以擁有恰當的形式，誘發審美情感，成為藝術品。

形式主義肯定結構和技巧的藝術價值，但到底何謂「審美情感」和「重要的形式」卻不太清楚。我們只知道，審美情感是重要的形式所帶來的感覺，而重要的形式，便是能夠產生審美情感的形式。然而這種循環的解釋，對我們理解藝術品的本質幫助不大。

不過，這不是說形式主義這個理論沒有實質內容。「形式」這個概念，是用來描述藝術作品一些能夠直接觀察到的表面特徵，例如一幅畫的顏色和線條，又或雕塑的形狀。所以，根據形式主義，一件作品的藝術價值與它的歷史背景和藝術家的創作理念是沒有直接關係的。

對於這個立場，很多人都難以苟同。首先，有些著名的藝術作品和贋品十分相似，專家也難以分辨。這些贋品

與原作的形式是一樣的，但它們的價錢卻有天淵之別。那反映了它們的藝術價值有異，也是形式主義所不能解釋的。

不過，維護形式主義的人可能這樣回應：如果贋品和原作的形式一樣，它們倒是擁有相同的藝術價值。若然一幅畫有美感，與它模樣相同的畫也必然有美感，藝術價值又豈能有所差別？至於價錢上的分野，只不過源於收藏者看重原作和藝術家之間的歷史關係而已。這個考慮與藝術價值無關，就好像一些名人用過的普通物品，在拍賣裏也可以錄得高價成交一樣。

這個答覆似乎忽略了原創性這個因素。藝術價值應該反映藝術家的成就，而創意理應是評估藝術成就的一項重要考慮。既然如此，原作的藝術價值比贋品為高，不是沒有道理。

還有一項批評是，形式主義過分強調藝術品的表面性質，忽略了藝術品蘊涵的意義和訊息，以及藝術價值與歷史脈絡和社會環境的關係。概念藝術在1960年代冒起，對形式主義帶來很大的衝擊。概念藝術強調一件藝術品背後所表達的理念，這些元素可以比美感和形式更為重要。有很多重要的概念藝術作品刻意挑戰傳統的審美觀念，以下便是幾個著名例子：

- 法國畫家Yves Klein (1928–1962)有很多作品都是單色畫，畫上沒有線條而只有一種顏色。他有一幅作品《Blue Monochrome》，象徵宇宙的能量，只是一片飽

滿明亮的藍色，沒有繪畫任何東西和圖案。這幅畫形式欠奉，卻是紐約現代藝術博物館的珍藏之一。

✦ John Cage (1912–1992)是知名的現代美國作曲家。他的作品《4'33"》是一首完全沒有聲音的「樂曲」。演奏者在台上四分三十三秒，不用彈奏一個音符。有人批評這是嘩眾取寵的垃圾，但也有人說這是天才的傑作，挑戰我們對音樂的理解。John Cage 認為《4'33"》是他畢生最重要的作品。

✦ 《噴泉》是法國藝術家Marcel Duchamp (1887–1968)的名作。其實《噴泉》只是他在五金店買回來的一個普通男廁尿兜而已。Duchamp什麼都沒做，只是把尿兜平放，在上面簽了個假名，然後拿去參加一個紐約的藝術展覽。展覽的評審委員會不知如何處理，最後裁定尿兜不是藝術品，不得展出。這件事在當時引起很大的爭議。《噴泉》打破傳統藝術的觀念，很多評論家甚至認為它是20世紀最具影響力的現代藝術品。[3]

藝術體制

以上的概念藝術作品並非人人都喜歡，但現在卻已獲得藝術界的認同。這似乎證明，形式並非決定藝術價值的唯一因素。Duchamp在一個普通的尿兜上簽名，藝術界從非議變成讚賞，尿兜便晉升為殿堂級名作，這是什麼道

3　《噴泉》廣被視為Duchamp 的作品，但也有藝術史學者質疑，《噴泉》的真正作者是Duchamp的前衛女藝術家朋友 Elsa von Freytag-Loringhoven。

理？美國哲學家George Dickie認為，一件物件能否成為藝術品，關鍵在於藝術體制對它的評價，而非該物件的內在性質。根據這個「藝術體制理論」，這些評價可以來自其他藝術家、藝評家、學者等專家。一旦這些體制內的權威人士認同作品，認為是合適的審美對象，這件作品便成為藝術品。

藝術體制理論有兩個特點：第一，一件物件能否成為藝術品是由藝術體制決定，但這項決定可以基於不同因素，例如內容、形式、技巧、原創性等。這些因素也可以隨時間改變。第二，藝術價值不可以脫離藝術體制。所以，要理解一件藝術品，不單是看藝術家的創作過程，作品背後的歷史和社會因素也不容忽視。

例如印象派的畫現在很受歡迎，但其實初時飽受排斥，幸好有位畫廊老板Paul Durand-Ruel非常欣賞和支持印象派畫家，並且大量購入作品。這位畫廊老板雖然幾度瀕臨破產邊緣，但仍努力推銷印象派的畫。最後，印象派得到美國藝評家和收藏家的認同，歐洲市場也隨後趕上。印象派今天的崇高地位，很大程度是憑藉這位支持者成功爭取藝術建制和權威的認同。

不過，雖然藝術品與藝術體制關係密切，但以藝術體制來界定「藝術品」，始終問題不小：

* 這個世界有不同範疇的專家，例如電腦專家和醫學專家。哪些專家有資格決定什麼才是藝術品？如果答案

是他們必須是熟悉藝術品的專家，這豈不是一個用
「藝術品」來界定「藝術品」的循環定義？

- ✦ 科學專家可以誤判，為什麼藝術權威就不會？會否有
  一些情況，藝術權威認定一件物件是有價值的藝術
  品，但其實是誤判？[4]

- ✦ 名畫可以遺失，名不經傳的天才也可能有作品流落民
  間，被棄置於某雜物房。雖然這件作品沒有人欣賞和
  認同，但依然可以深富藝術價值。

- ✦ 藝術體制是以哪些準則去判斷什麼是藝術品？如果這
  些準則沒有客觀理據支持，純粹是一小撮人的主觀喜
  好，那我們為什麼要關注藝術，甚至以納稅人的金錢
  來資助藝術活動？相反，如果這些準則其實有客觀
  的基礎，為什麼不用這些客觀準則來界定什麼是藝
  術品？

藝術沒有定義？

對於藝術體制理論能否處理以上的批評，意見各有不
同。[5] 如何界定藝術品這個問題，不斷引發爭議。這不禁令
人懷疑：藝術作品包羅萬有，表達了人類的無窮創意，是
否能夠只由一個定義所涵蓋？我們可以想像，如果有藝術
權威對藝術品提出一個定義，一些前衛藝術家肯定會嘗試

4　曾經有位青年參觀藝術館時弄了個惡作劇，把一對眼鏡放在地上，很快
　　便引來一群人圍觀和拍照，以為眼鏡是一件現代藝術品！

5　例如這篇文章便是捍衛藝術體制理論的：Davies, S. (1988). A Defence of the
　　institutional definition of art. *The Southern Journal of Philosophy*, 26(3), 307-3.

創作一些作品來挑戰這個定義。不過，如果「藝術品」沒有清晰的定義，那這個概念還有意義嗎？

　　藝術評論家莫里斯‧韋茨（Morris Weitz）在1950年代，對此提出了一項特別的建議。韋茨認為，「藝術」是個「開放」的概念，根本沒有定義。韋茨的理論借用了維根斯坦（Ludwig Wittgenstein, 1889–1951）的語言哲學。維根斯坦是近代一位極具影響力的哲學家，而他後期的哲學推翻了很多他前期的想法。

　　後期的維根斯坦認為，有很多日常語言的詞語，並沒有正確的定義。以「遊戲」為例，遊戲的種類包羅萬有：很多遊戲是團體遊戲，但有些則是獨個兒玩的；有些遊戲沒有輸贏，有些則需要競賽；有些遊戲需要紙牌或球等工具，但有些卻不需要工具。遊戲林林總總，很難想像可以用一個定義完全涵蓋。

　　不過，「遊戲」沒有定義，並不代表這個詞語沒有意義。語言的意義，關鍵在於語言規則。它們規範了如何在不同情況下正確地運用語言。例如「王老五」的定義是「未結婚的男人」。這個定義規範了我們如何正確運用「王老五」這個詞語，但定義只是制定語言規則的其中一個方法，而不是唯一的方法。

　　維根斯坦指出，「遊戲」和類似的詞語沒有定義，與它們相關的語言規則比較複雜，不能像「王老五」一樣以定義表達。這些詞語擁有「家族相似性」（family resemblance）的特徵。維根斯坦以「家族」作比喻，指出

一個家族沒有清楚的界線，家族成員也不一定擁有共通的特徵。例如大哥和二哥可能眼睛相似，但鼻子卻不一樣。他們可能有血緣關係，但也不一定，因為孩子可以是領養的。那麼，「家族」能否代表血緣或法律上的關係？不過有時候，一些特別要好的朋友或莫逆之交，雖然沒有血緣和法律關係，也可以成為家族的中堅分子。有血緣關係的，也可以被逐出家門。維根斯坦認為，一群人是否屬於同一個家族，並非是基於一個定義，而是有一系列重疊而複雜的網絡關係把他們串連起來。

韋茨認為「藝術」也擁有「家族相似性」的特質。藝術品有一些常見的性質，但沒有一組特定的性質能夠用來界定藝術品。以下列舉其中一些相關的性質：

* 體現美感
* 表達情感
* 發揮原創性
* 刺激思考
* 以特別的技巧製成
* 表達重要的概念或意義
* 屬於某個認可的藝術形式

以上特徵並非所有藝術品都必然擁有。藝術品通常必須擁有多於一個特徵，但卻不用齊集所有特徵。很多名畫非常漂亮，繪畫技巧高超。對比之下，Duchamp 的《噴

泉》不是以特別的技巧製成，也算不上體現美感，但卻具有原創性，並且激發我們對藝術的思考，所以也是藝術品。從這個角度來看，食物應該也可以構成藝術品。食物以色香味體現美感，對烹飪技巧有一定的要求，高級食肆也非常著重創意。食物亦能表達愛意，令人開懷，勾起美麗的回憶。所以，食物起碼在體現美感、表達情感、技巧和原創性這四方面與其他藝術品有共通之處。

次等藝術

　　如果食物可以是藝術，那麼廚師自然也可以當藝術家。世界名廚阿德里亞（Ferran Adrià）便是例子。阿德里亞生於1962年，是西班牙加泰隆尼亞人。他在西班牙北部曾經開了一間餐廳El Bulli，可惜現已結業。El Bulli曾獲米芝蓮指南的三星評級，更不止一次被選為全球最佳餐廳。阿德里亞擅長分子料理，有很多天馬行空的概念。他運用科學技術設計新的烹調手法，把食物解構和重新演繹。例如他有一道名菜「液化橄欖」，做法是先把青橄欖榨汁調味，然後把橄欖汁滴入含有特別化學成份的液體之中。這樣橄欖汁會變成圓球，表面產生一層薄膜。圓球的賣相與橄欖相似，但咬下時薄膜會爆開，流出香濃的汁液。這種把液體球化的烹飪技術，已被很多廚師仿傚。

　　阿德里亞也經常使用液態氮把食材急速冷凍。食物內形成的冰粒晶體因此會比較微細，是以這個方法製成的雪糕會特別綿密。另外阿德里亞也會以食物製成泡沫，和使

哲食之道

用低溫慢煮法（sous vide），這些烹飪方法現在也很普及。高級法國料理於1970年代開始引入低溫慢煮法，那能有效地保留食物的鮮味而不破壞質感，尤其是肉類會保持軟嫩而不過熟。慢煮法在一般家庭廚房也做得到，愛入廚的人一定要試試。阿德里亞顛覆傳統廚藝，對現代烹飪和美食文化的影響不容低估。2007年，他更應邀參加每五年舉辦一次的德國Documenta藝術展。Documenta是世界最著名的藝術展覽之一，第一屆的參展者包括畢加索、Miro、Henry Moore、Matisse、Modigliani等藝術家！

　　廚師獲邀參加藝術展覽，證明很多人認同烹飪也可以是藝術。不過，食物的藝術價值，與其他類型的藝術品可有分別？人類的煮食文化源遠流長，但自古以來，似乎沒有很多以烹飪聞名的藝術家。相反，殿堂級的音樂家、文學家、畫家則多不勝數。世上有很多一流的廚師，他們的餐廳也可能擁有米芝蓮三星，但又有多少名廚能夠與絕頂的藝術家平起平坐？阿德里亞的廚技受到很多人欣賞，但以我所知沒有人認為他與達文西和貝多芬同等偉大。畢加索的畫、李白的詩、莫札特的音樂都擁有至高的藝術價值，但有什麼食物的藝術價值可以與這些作品媲美？泡菜在韓國文化佔一重要席位，韓國泡菜更被聯合國教科文組織（UNESCO）列為人類非物質文化遺產。不過，頂級的泡菜，即使再美味都始終只是泡菜，很難說得上是擁有崇高的藝術價值。

　　這種批評，是否忽略了食物的藝術潛能？也許有一天

有位天才廚師會創造出一碟舉世震驚的不朽名菜，令貝多芬的《月光曲》也黯然失色？不過，我認為機會不大。我們應該考慮的是，食物本身會否有一些內在的侷限，限制了其藝術價值？例如很多人喜歡插花，甚至把插花當作一門藝術。花藝講求創意和美感，而鮮花如果擺放得宜，確實令人眼前一亮，心情愉快。不過，花藝作為藝術，地位始終不及音樂或小說等主流藝術。至於煙花，也可以當作一種視覺藝術。漂亮的煙花，大人和小孩都喜愛。只是無論煙花匯演如何璀璨，都很難相信有人會認為這是最高級和最有價值的藝術作品。到底原因是什麼？而食物又是否面臨同樣的侷限，只能淪為次等藝術？

有人認為食物的藝術地位較低是因為食物容易變壞，能夠欣賞的時間很短，可以參與欣賞的人相對也少。欣賞食物便得把食物吃掉，但吃完便沒有了。煙花也是，美麗的圖案幾秒後便告消失。花藝可能稍好，但鮮花也很快凋謝。相反，一幅名畫，例如《清明上河圖》，有數百年的歷史。不同時代的詮釋和評價，令其更負盛名。食物作為藝術品自然比不上。

藝術品如果是一件實物，保存得宜自然能夠擺放多年，但一件藝術品的價值和它的壽命似乎沒有必然關係。偉大的藝術品，可以毀於天災人禍。有一些裝置藝術，更是刻意地不可長期擺放。英國前衞藝術家 Damien Hirst 的著名作品《一千年》，是一個很大的透明箱，裏面有一盞捕蠅燈，和一個正在腐爛、表面長滿蛆蟲的牛頭。蛆蟲變

哲食之道

成的蒼蠅，一生在箱內生活、進食和交配，最後死亡。這是一件不斷在解體和生長中的藝術作品，見證着生命的循環。由於牛頭會腐爛和發臭，蒼蠅也會死亡，這件作品不能長時間擺放，但卻廣獲讚賞。日本人喜愛櫻花，欣賞其沒落前的剎那璀璨。我們為了生存而進食，為了進食而令其他生物死亡，食物作為藝術豈不是也能夠表達生存和滅亡的美和悲哀？

別忘了，舞蹈和音樂表演也是藝術作品，但表演完畢便不復存在。一場精彩絕倫的小提琴獨奏，演出的時間也許比一頓飯更短，但卻可被視為更具藝術價值。所以食物的藝術價值，應該與其壽命無關。況且，一場音樂表演雖短，但演奏的樂曲本身卻可以流芳百世。彈奏整首貝多芬《月光曲》僅需時約十七分鐘，但這首樂曲卻有二百多年的歷史。演奏是好是壞，並不影響奏鳴曲本身的藝術價值。演奏與樂曲的關係，跟食物和食譜的關係類近。問題是，為什麼有許多樂曲被公認為偉大的藝術創作，但食譜卻沒有人如此稱道？

另一個說法是食物的限制在於欠缺複雜的結構。莫札特的著名鋼琴作品《小星星變奏曲》，以同一個耳熟能詳的簡單主題旋律作出十二個不同的變奏，每節各有特色，精彩悅耳。畫、小說、雕塑等藝術作品同樣也可以結構複雜，不同元素的組合可以千變萬化，擴闊了藝術欣賞的空間。當然，食物不是沒有結構，中菜酒樓「一魚兩吃」、「一雞四味」等菜式，也算是食物的變奏吧。廚師也可以

改變不同味道的配搭，控制食物的賣相、質感、溫度和其他性質。不過，食物的結構始終離不開色香味這些元素，變化的程度與其他藝術品似是大有差別。

這個分析有一大問題，便是藝術品不一定要結構複雜，才富有藝術價值。這正是很多人對形式主義的批評。我們之前討論過John Cage的無聲樂曲 《4'33"》，這首作品顯然沒有結構可言。當然，這些概念藝術作品可說是特例。無聲的音樂，與千千萬萬結構複雜的歌曲截然不同。同樣，Duchamp《噴泉》的特別之處，也是在於跟其他鬼斧神工之雕塑的反差極大。這些藝術家利用強烈的對比，來顛覆我們對藝術的看法。他們這樣做之所以能夠成功，正是因為藝術品的結構在正常情況對藝術價值有很直接的影響。換句話說，我們可以同意個別藝術品不一定要有結構才有價值，但藝術品所屬的藝術類型卻原則上一定要容許複雜的結構。食物不是沒有結構，但變化的幅度較窄。煙花表演也有這個限制，無論煙花如何燦爛輝煌，都只不過是閃耀的光影和圖案。

不過，說煙花「只是」閃耀的光影和圖案，就好像形容所有音樂都「只是」聲音的變化而已。我們應該如何量度藝術類型的結構和變化幅度？不同的藝術類型又如何比較？畫是視覺藝術，食物講求色香味，視覺欣賞僅屬其中一環。如此來說，食物的結構豈不是比視覺藝術更複雜？更何況享受一頓美食，通常不止吃一道菜。芝加哥的著名新派美國餐廳 Alinea，曾被選為全球最佳餐廳。Alinea 的

晚餐可以多達二十六道菜式，每道菜的次序都經過悉心設計，對應不同的酒。菜單有層次、對比、懸疑和驚喜。Alinea 有一項招牌甜品，便是一個可以吃的氣球。在這間餐廳吃晚飯可能歷時四小時，是一趟體驗美感和創意的旅程，就好像去演奏廳欣賞藝術表演一樣。Alinea 的廚師 Grant Achatz 說，一頓飯這麼長，是為了說一個較長的故事，表達各種情感，展示不同的技巧、味道和質感，營造複雜的體驗。[6]

我認為 Achatz 這番說法值得深思。有價值的藝術類型需要複雜的結構，可能是因為透過結構的變化，能夠表達不同的故事和情感。小說是最明顯的例子。小說的題材包羅萬有，因為語言能夠表達豐富的內容。美國作家海明威是諾貝爾文學獎得主，他著名的中篇小說《老人與海》絕對是一部現代文學經典。故事講述一名生活困苦的年老漁夫出海捕魚。老人在深海捕獲大魚後，與一群前來掠奪魚屍的鯊魚激戰，最後大魚只剩下殘骸。海明威的文字簡潔有力，深刻地表達出對抗厄運的悲情。

音樂與小說不同，不一定依賴文字，但音樂依然可以象徵不同的事物，牽動聽眾的情緒。琵琶名曲《十面埋伏》描寫楚漢相爭裏，項羽兵敗的戰爭情景。此曲節奏緊密，氣勢激昂，旋律悲壯，生動地描繪戰場上的廝殺場面。同樣，舞蹈和雕塑不用文字也可以抒發不同情感，以及描寫世界的各種景況。

6　檢自：https://www.ice.edu/blog/interview-with-grant-achatz

食物當然也能夠發揮類似的功能。美食可以令人開懷，或引發聯想和回憶。廚師可以藉此以食物傳達訊息。Alinea餐廳的氣球代表了孩童的快樂；懷舊食物也可以是社會的集體回憶；新派的北歐料理，經常選用在地的新鮮有機食材，有時更伴以野花和香草，能夠盡情展現大自然的美麗和豐裕。

　　不過，這些例子也顯示食物作為藝術所表達的內容和情感有所不足，欠缺深度。食物的限制起碼有兩方面。第一，美食通常只能引發正面的情緒反應，但人生的深刻體驗並非只有快樂。有價值的藝術，應該同樣能夠流露哀傷，表達絕望、惆悵、憤怒、恐懼等消極和負面的情緒。不過，在高級餐廳吃飯，目的是享受。當然，美食有時也會勾起傷心的回憶，但美食本身難以形容戰爭蹂躪家園的悲哀，也不能表達被愛人拋棄後心中的委屈和怨恨。

　　第二，藝術價值也視乎表達的手法是否細膩。狂野的歡樂、帶有內疚的快感、失而復得的釋懷、恬靜安然的喜悅，是四種截然不同的快樂。藝術作品如果能夠細緻地刻劃出各種情感的微妙分別，便更能引起共鳴和令人讚賞。烹飪技巧儘管可以複雜，食物的味道也可以微妙，但卻始終難以表達細膩的感情。這個可能反映了食物「語言」的侷限性。小說、散文和詩歌，可以用文字直接描述各種事物。雕塑和舞蹈也可以運用象徵式手法表達各種意念。貝多芬的音樂不需要借助文字，依然可以清楚地流露挑戰命運、永不言敗的那股傲氣。相比之下，食物雖然可以引發

哲食之道

聯想，但卻無法表述很多關於人生的深刻體會和情感。

我認為這些缺陷限制了食物的藝術價值。食物在這方面與煙花接近。大部分人都喜歡煙花，煙花表演也着重美感，所以煙花並非沒有藝術價值。不過，煙花所能夠表達的內容同樣極之有限，因此煙花的藝術價值不算很高，也可以說是一種「次等藝術」。花藝在這方面可能比煙花優勝。花卉設計可以利用枯枝爛葉表達負面的情感，與鮮花作出對比。插花也可以加入一些裝飾物，令表達內容更豐富。不過，植物的型態變化有限，也限制了花卉的闡述功能。

當然，如果食物加入其他元素，情況會有所不同。食物配合音樂和影像，肯定能夠表達更多的意念。不過，這是把食物改造成混合媒體藝術，而不是單純以食物作為一種藝術類型。無論如何，儘管藝術評論家和學者可能視食物為「次等藝術」，但對普羅大眾而言，美食應該相比高檔藝術更為吸引。很多人習慣「手機先食」，用餐前先為食物拍照放上社交媒體。旅行的時候，不少人最渴求的不是參觀藝術館，而是到著名的餐廳和咖啡店朝聖打卡。對這些遊客來說，吃一碗地道的紅燒牛肉麵，可能比看一幅名畫更開心。

藝術人生

我們之前討論過西班牙名廚阿德里亞。他對食物和藝術的關係有一番創見。阿德里亞說他最關注的問題，並非烹調是否藝術，而是如何突破界限，發揮創意。他的餐廳

El Bulli，每年只營運六個月，在其餘時間阿德里亞會鑽研新菜式。對阿德里亞來說，有價值的創意必然影響深遠，而且是跨界別的，不一定要局限於飲食文化。他認為蘋果電腦的喬布斯便是一個好例子，「可被視為當世的達文西」。[7]

追求創意有什麼好處？創意當然可以有實用價值。一項新發明或能令人名成利就，甚至救活很多人。不過，追求創意除了為求名利和貢獻社會，也可以為了滿足感。很多人放棄安穩的工作，轉而冒險創業，不介意少賺些錢，便是希望發揮自己的創意。可惜的是，在現代社會，我們可能只是巨型機器裏一粒可有可無的螺絲。多少人每天重複枯燥乏味的工作，難以全情投入生活，只能寄望提早退休。

德國哲學家尼采（Friedrich Nietzsche, 1844–1900）在這方面見解精闢。尼采認為，真相往往是醜陋的，因為人生便是苦難。這個世界本身沒有任何意義和目的可言。宗教和道德，全是騙人的假象。不過，如果人生是荒謬的悲劇，那麼絕望與自殺豈非唯一的出路？尼采認為，我們雖然面對悲劇，但卻可以從藝術和創意中尋求肯定生命的動力，為生命重新賦予價值。

尼采的建議借助了他對古希臘悲劇的分析。在古希臘的悲劇傳統中，太陽神阿波羅（Apollo）和酒神戴奧尼索斯（Dionysus）代表宇宙的兩股力量。簡單來說，太陽神象徵理性與邏輯，酒神則代表狂野和混沌。尼采認為，酒神代

7　Hamiltion, R. and Todoli, V. (2009). *Food for Thought, Thought for Food : A Reflection on the Creative Universe of Ferran Adria.* Actar.

　　　　　　　　　　　　　　　　哲食之道

表的精神，是令我們熱愛生命的關鍵。在古希臘的酒神祭中，人們醉酒狂舞，忘卻煩憂，打破一切禁忌。在這種混沌的狀態下，我們才能釋放人性深處的激情，從而得到解脫。[8]

尼采認為，面對人生的痛苦，惟有強烈的激情才能給予我們肯定生命的力量。藝術創作和欣賞，正好體現這種激情。藝術不受世俗道德的綑綁，也不需要建基於真理。藝術天才的作品，見證了他們的才華和創意，於苦難中表現出剛強的能量。對尼采而言，藝術欣賞令我們感受到創作的熱情，幫助我們克服苦楚。這種感覺與性愛的激情同出一轍，能夠轉化成熱愛生命的動力。[9]

近代法國哲學家傅柯（Michel Foucault, 1926–1984）受尼采的啟發，也認同以藝術眼光審視生命的進路。傅柯認為道德並非一套普世的客觀真理。道德的最基本問題，是「我應該成為一個怎樣的人？」只是，「我」是一個社會建構出來的主體，生活在充滿限制和規範的世界裏面，並沒有所謂真正獨立自主的自我。儘管如此，我們依然可以嘗試作出改變，建立自己的價值和存在意義。這種自我塑造的過程，與藝術創作相似，傅柯稱之為「生存的美學」（aesthetics of existence）。我們習慣把藝術品視同沒有生命的死物，而藝術創作則是一小撮藝術家的專利。傅柯則認為，藝術是為了通過創作改變自己。同樣，我們也可以把

8　不過尼采對飲酒卻非常反感，儘管他經常依賴鴉片和其他藥物。
9　這個主要是尼采早期在《悲劇的誕生》中的觀點，與他後來的看法有很大分別。多謝王偉雄指出。

生命當成藝術品，塑造自己的形式和風格，別把自己困在某個框架之內。

　　把生命當作未完成的藝術品，雖然值得借鏡，但我認為接受這種生活態度之餘，也不一定要反對客觀道德。自我塑造如果無視道德規範，只會把自己的快樂建築於別人的痛苦之上。美學家朱光潛，與傅柯一樣受尼采影響。朱光潛比傅柯更早提出把人生藝術化，但朱光潛不是以此來取代道德標準。朱光潛說，生命的藝術價值，與道德不無關係。「善就是一種美，惡就是一種醜」，因為善行和惡行能夠「引起美感上的欣賞與嫌惡」。朱光潛認為，人生有趣味，是因為世界有缺陷。若然世間一切都是完美的，「自然沒有希望發生，更沒有努力奮鬥的必要」。生命是一件藝術品，而「偉大的人生和偉大的藝術都要同時並有嚴肅與豁達之勝」。豁達是要流露真性情，避免俗濫和虛偽。嚴肅是指豁達之餘，不能沒有人格，隨便妥協。做人如果能夠言行一致，進退恰到好處，生命整體的表現既和諧但又有出人意表之處，那就好像一件精彩的藝術品，充滿趣味和美感。[10]

　　進退要恰到好處，知易難行。現實與理想之間如何取捨，是令人困惑的問題。尼采對道德的批判也與此有關。尼采認為人有高低之分。高等人孤獨而不落俗套，他們肯定和熱愛生命，通過藝術創作追求超凡的成就。為了達到最崇高的理想，高等人會以苦難磨練自己，不向現實低

10　見朱光潛(1932)《談美》開明書店。

頭，所以他們的靈魂是高貴的。尼采認為世俗的道德強調快樂、平等和無私的行為，只適合平庸的低等人。高等人要有偉大的成就，便要專注於事業，窮盡自己的才華，不能被任何東西綑綁，這當然也包括道德在內。尼采認為，標榜道德的文化，只會貶低苦難和追求卓越的價值，把一切變成庸碌。

我並不同意尼采對道德的批判，但道德與追求卓越，現實上確實可以發生衝突。有心理學研究認為，有創意的人比較容易不誠實，這可能是因為追求創意的人往往不願意遵守常規。[11] 不過也有學者指出，一些自以為有創意的人，同樣有這個問題，因為他們認為自己應該享有更多特權。哈佛大學心理學家加德納（Howard Gardner）曾經研究愛因斯坦、畢加索、佛洛依德等知名人士的心路歷程。[12] 加德納認為，很多有創意和成就非凡的人，不會追求全面的發展，只會把所有精力專注於自己擅長的工作，有時甚至為了事業，不惜犧牲很多有價值的東西，例如親情。德國文學家歌德筆下有一個著名的角色浮士德，為了追求知識和權力，把自己的靈魂賣給魔鬼。加德納指出，很多「天才」的成功，背後其實也有一項「浮士德的交易」（Faustian bargain）。他們自甘放棄很多東西，尤其是失去了

---

11 Gino, F., & Ariely, D. (2012). The dark side of creativity: original thinkers can be more dishonest. *Journal of Personality and Social Psychology*, 102(3), 445–459.

12 Gardner, H. (2011). *Creating Minds: An Anatomy of Creativity Seen Through the Lives of Freud, Einstein, Picasso, Stravinsky, Eliot, Graham, and Ghandi*. Civitas books.

比較圓融的人生。我們不一定要仿效愛因斯坦，但成功往往要付出代價。無論是世界頂尖的物理學家還是廚師，表面風光確實令人羨慕，但背後可能損害了身心健康，犧牲了親人的幸福，辜負了好友的情誼。這些代價，我們又是否願意付出？

討論

1. 維根斯坦認為「遊戲」沒有一個定義，但哲學家 Bernard Suits 不同意。他認為遊戲是一種有目標的活動，而在達到目標的過程中，必須遵守一些特定的規則，例如參加馬拉松比賽便要跟從指定路線跑步，不能坐車直達終點。遵守這些規則會令達到目標的方式受到掣肘（馬拉松不能坐車，便需要較長時間才能到達終點），而接受這些規則的惟一原因，是惟其如此活動才能夠成立。[13] 你對此有什麼看法？

2. 討論藝術品這個概念的「家族相似性」時，我們提出了一系列體現相似性的條件，例如「刺激人們思考」和「表達情感」等等。你能否想到其他可以加進清單的條件？

3. 食物是否「次等藝術」？你是否同意相比傳統的藝術類型，食物在表達內容和情感上遇到較大的限制？

4. 你是否同意朱光潛所說：「善就是一種美，惡就是一種醜」？

13　Bernard Suits. (1967). What Is a Game? *Philosophy of Science*, 34(2), 148-156.

哲食之道

10

品味高低

飲食口味人人不同，是否沒有客觀標準？

✦ 榴槤在東南亞被譽為果中之王，不過很多人都受不了
其獨特氣味，聞到便想吐。新加坡的公共交通工具，
更明文禁止市民攜帶榴槤。那麼榴槤到底是否好味？
那些討厭榴槤的人，又是否沒有品味？

✦ 有些人吃烤雞會特意選雞胸，貪其淨肉無骨，但認為
雞胸單調無味，偏愛啃骨頭的，亦大有人在。Thomas
Keller是世界頂級大廚，他有一道烤雞菜譜，只用四
種材料：雞、百里香(thyme)、鹽和胡椒。[1] 意想不到
的是，這位名廚竟然認為烤雞最美味的部位是雞屁
股。到底孰是孰非？

許多人認為品評食物純粹是基於主觀感覺，沒有客觀

---

1 這道菜譜來自他的烹飪書 Bouchon。秘訣是雞身內外一定要先抹乾，減
少烤焗時所產生的蒸汽。雞腹內部先用鹽和黑椒醃好，然後用繩把雞縛
起，雞腿和翼要緊貼雞身。接着是在雞身撒鹽，放進焗爐以 230 ℃ 焗大
概 50–60 分鐘。完畢後立刻把新鮮的百里香放進烤盤內的汁和油，然後
舀起倒在雞身上。

標準可言。若是如此，推而廣之，藝術也應該沒有高低之分，只有不同喜好。換句話說，唐詩與宋詞，不能說哪一個優勝；流行曲與古典音樂，也是各有千秋。實情是否真的這麼簡單？

各有所好

為什麼我們對食物各有喜好？箇中原因當然很複雜，但主要因素有兩個：我們進食時感受到的味道，和我們對味道的反應。如果你喜歡榴槤但你的朋友討厭，這個分歧可以有兩個解釋：(1)榴槤對你們來說味道一樣，你喜歡這個味道但你的朋友不喜歡。(2)你們吃榴槤時口裏感覺到的味道根本不一樣，所以反應也不盡相同。

同一種食物，是否真的可以吃出不同味道？這個其實很正常。年紀大了味覺遲鈍，很多食物的味道會變淡。我們也知道，肚餓時食物會特別可口。患重病時，美食也可能變得味同嚼蠟。另外，遺傳基因亦會影響味道。舌頭上味蕾的味覺受體（taste receptor），能夠感應不同的化學成份，幫助我們分辨食物的味道。科學家發現，人類單是能夠感應苦味的受體，至少有二十多種。TAS2R38是與這些苦味受體有關的基因之一。市面上有些實驗測試紙塗上了一種化學物PTC (phenylthiocarbamide, $C_7H_8N_2S$)，有些人舔過後會覺得異常地苦，另外一些人會感到微苦，還有大概三成人完全嚐不出任何味道。不覺其苦的人很可能是沒有TAS2R38這個基因。

含苦味的常見食物和飲品包括咖啡、巧克力、西蘭花、苦瓜、啤酒、綠茶等等。香煙和雪茄含有煙草，也帶有苦味。這些東西並非所有人都喜歡，原因之一可能是有些人在生理上對苦味特別敏感。除了苦味，我們對甜、酸、辣等味道的敏感度也有差異。這些研究告訴我們，不同人吃同一樣食物，可能吃出不同的味道來，也因此喜惡不一。這好像有兩個人看同一幅畫，一個喜歡一個討厭，但原來其中一人是色盲或戴上了太陽眼鏡，看同一幅畫時的主觀經驗根本不一樣。

除了基因以外，認知也可以影響對食物的評價。這方面可以參考醫學研究裏的「安慰劑效應」（placebo effect）。安慰劑效應是指病人對藥物或療程的主觀期望可以影響病患癥狀，但這只是心理作用，與藥物或療程本身的療效無關。例如病人以為某粒藥丸是止痛藥，服後感到痛楚舒緩了，但藥丸其實沒有任何藥用成份。要確定藥物是否真的有醫療藥性，必須先排除安慰劑效應。

研究指出，藥丸的大小、顏色、名稱、品牌和包裝均能影響安慰劑效應的強弱程度，而這個效應亦不限於藥丸。有科學家對比假針灸和真針灸，指出針灸的效用有部分來自安慰劑效應。另外也有醫生成功利用假手術幫助病人減輕關節痛楚。有研究甚至指出，醫生是否穿着白袍，以及醫務所牆上掛的醫生證書，均能影響病情。

醫食本同源，藥物和食品之間沒有清晰的分界線，所以食物也可能會產生類似安慰劑效應的現象。換句話說，

我們對食物的評價和進食的份量，可以受很多我們沒有為意的因素所影響。以下便是一些有趣的例子：

+ 感官因素：味道會影響食慾，但環境也可以。柔和的燈光和音樂會令人放鬆，減慢進食的速度，但卻會增加食量。又例如紅色和藍色的燈光，會令人感到葡萄酒更美味，甚至願意花更多錢去購買。

+ 包裝：食品包裝設計美觀，除了能吸引消費者購買，也可能使人感到食物更美味。很多人覺得法國樽裝礦泉水的味道比普通自來水好，但閉上眼卻未必能夠分辨出來。

+ 價錢：一般人會認為貴價的葡萄酒味道較好。試酒的時候，定價的高低會影響酒的評分。

+ 其他資訊：食物標籤加上「自家製」這類字眼，會令人覺得食物更有風味。正常情況下啤酒加入醋後味道會變差，但如果說啤酒含有「特別成份」則可能有相反的效果。一項有趣的實驗發現，如果有兩組人品評同一款巧克力，第一組以為巧克力來自瑞士，另一組以為來自中國，那麼第一組會給予較高的評分。當然，瑞士巧克力世界馳名，這個結果並不令人驚訝。意想不到的是，如果他們吃完巧克力才知道它的來源地，第二組的評分反而會較高！[2]

2　Wilcox, K., Roggeveen, A. L., & Grewal, D. (2011). Shall I tell you now or later? Assimilation and contrast in the evaluation of experiential products. *Journal of*

哲食之道

- 兒童：小孩不願吃蔬菜令不少家長感到苦惱，但如果給蔬菜取一些趣怪的名字，情況便可能不一樣。食物附送卡通公仔，也會令兒童覺得食物更可口。把蔬菜以印上麥當勞商標的紙包裝起來，也可能有同樣效果。[3]
- 容器及位置：以較大的容器盛載食物，會驅使人多吃一些。容器的形狀、顏色，以及透明度也會有影響。要減少吃零食，便要把零食放置在較遠的位置。
- 社交環境：朋友喜歡某種食物，會增加我們喜歡該食物的機會。與朋友一同進餐，我們進食的份量也可能跟隨其他人的食量，不自覺地有所增減。

品味與階級

以上的例子反映，我們對食物的喜好未必全然與食物的質素有關。此外，社會文化對口味的影響也不容忽視。凡勃倫(Thorstein Veblen, 1857–1929)是一位社會學和經濟學家，最有名的著作是1899年出版的《有閒階級論》(*The Theory of the Leisure Class*)，書中提出了「炫耀性消費」(conspicuous consumption)這個概念。這種消費是用來炫耀個人身份和社會地位，並非基於實際生活需要。凡勃倫以銀匙羹為例，指出銀匙羹相比其他以平價物料打造的匙

Consumer Research, 38(4), 763–773.

3 Robinson, T. N., Borzekowski, D. L., Matheson, D. M., & Kraemer, H. C. (2007). Effects of fast food branding on young children's taste preferences. *Archives of Pediatrics & Adolescent Medicine*, 161(8), 792–797.

羹，在功能上分別不大，但卻是當時上流社會所欣賞的餐具。現代家庭不再對銀器趨之若鶩，但只不過是以其他炫耀性消費品取而代之。例如一些名媛喜愛的名牌手袋，動輒索價數十萬美元，但不一定比普通手袋實用。

炫耀性消費反映一個事實：經濟資本是社會地位的象徵。經濟資本包括金錢、地產、股票等資產。不過，法國哲學家皮埃爾‧布迪厄(Pierre Bourdieu, 1930–2002)指出，「文化資本」(cultural capital)對提升社會地位也很重要。文化資本涵蓋的範圍甚廣，包括藝術和飲食的品味、談吐舉止、娛樂嗜好、口音、衣着、學歷等等。文化資本通常與家庭背景關係密切。家道中落的名門望族，其文化資本可以比暴發戶優厚。出生勞動階層的人，也可以通過教育累積文化資本。另外，布迪厄也提及「社會資本」這個概念，主要是指有影響力的人脈關係。對於社會是否公平，很多人只考慮到經濟資本的分配，但文化資本和社會資本會否被一小撮人壟斷，也是值得關注。

品味的高低，是量度文化資本的一個方法。富裕階層經常以獨特的品味，來把自己與低下階層區別出來。高爾夫球的形象與羽毛球不一樣，Lafite葡萄酒感覺上也比珠江橋牌玉冰燒高級。當然，低下階層可以模仿上流社會的品味。仿效的目的可以是追求認同和優越感，又或藉此提高社會地位。另外，炫耀性的貴價物品，普通人可能買不起，市場因此出現了冒牌貨。

這類模仿行為是導致潮流轉變的一個原因。當上流社

會的品味開始被低下階層模仿，這些品味便不再足以分辨不同階層的人。上流社會的對策便是改變品味，以新的形式代表自己的階級。這也是潮流的轉變不斷從上而下傳遞的一個原因。眼鏡框的粗幼和褲腳的寬窄其實沒有客觀的好壞之分，但我們的審美眼光卻週而復始地轉變。藝術和飲食潮流也如是。

潮流的轉變不一定從上而下。上流社會現在也接受爵士樂、饒舌音樂和牛仔褲，但它們都是源自低下階層。另外，上流社會為了突顯自己的階級或展現自信，有時候反向模仿低下階層也是一種策略，有學者把這個現象稱為 countersignaling。[4] 當然，我們的喜好不一定完全與階級有關，也可以反映個人的價值觀。選擇不吃肉，可以是因為關心動物權益或是基於宗教理由；很多人也會因為支持環保和公平貿易而杯葛某些品牌。

品味的客觀性

影響喜好的因素包羅萬有，難怪很多人認為口味的分歧沒有客觀對錯之分。假設有兩個人對普洱和龍井的味道看法相異：

甲：普洱的味道比龍井好。

乙：不，龍井的味道較佳。

4　Feltovich, N., Harbaugh, R., & To, T. (2002). Too cool for school? Signaling and countersignaling. *RAND Journal of Economics*, 33(4), 630–649.

表面看來，甲和乙有不同的意見，而很多人也會說人們對茶葉各有所好，其判斷只是反映個人偏好，並沒有事實根據。

　　這個立場可以稱為「品味主觀論」。品味主觀論有兩部分：(1)品味的判斷沒有客觀對錯；(2)品味判斷表達個人喜好。這個理論的好處，是很切合我們對品味分歧的慣常看法。有些人特別喜歡日本料理，但也有人偏愛意大利菜，我們不會說其中一方較有品味。音樂專家對巴赫、莫札特和貝多芬三人的音樂風格和生平事蹟可以瞭如指掌，但對到底哪一位才是最偉大的音樂家卻沒有定論，意見迥異。

　　品味主觀論雖然廣被接受，但我認為並未能解釋日常生活中有關品味高低的爭論。首先，如果品味判斷沒有對錯，為何品味有分歧時我們經常與人爭辯？例如我們會嘗試提出理據駁斥對方：

甲：鼎記的小籠包味道真好。

乙：很多人都這麼說，但我覺得只是一般，不太特別。

甲：什麼？這沒道理。鼎記獲米芝蓮一星評級，小籠包的皮非常薄。

乙：一粒星又如何？米芝蓮的中菜評級不太可靠吧！鼎記小籠包裏的肉太軟爛了。你沒有吃過明記的小籠湯包？豬肉口感恰到好處，湯汁更多，皮一樣薄但更彈牙，好吃得多了。

這類討論十分常見，但如果品味沒有高低，分歧只是個假象，這些爭論又有什麼目的？甲喜歡鼎記，乙喜歡明記，各有所好，沒有衝突，但如果兩人依然繼續爭論，他們所爭論的便不是這些雙方都知道的事實。

　　品味主觀論的第二個問題是，雖然有些關於品味的分歧可能沒有對錯，但這並不表示所有口味分歧都沒有對錯。普洱和龍井，也許沒高下之分。不過，如果有人認為牛扒要全熟才好吃，經濟客艙的飛機餐是天下第一美食，相信很多人的反應不是「口味沒有高低」，而是「這個人完全不懂得吃」。假如別人說我們沒有品味，我們可能會感到憤怒或不快。如果品味沒有客觀標準，我們又何必介懷？

　　英國有一個烹飪比賽電視節目《Masterchef》，便曾經引起一場轟動東南亞的小風波。事緣有位評判批評一位馬來裔參賽者所烹調的「雞肉仁當」（chicken rendang）雞皮不夠酥脆。問題是傳統的雞肉仁當是用香料加椰漿濕煮而成的，根本不是炸雞。很多亞洲人因此勃然大怒，在網絡上大肆抨擊這個評判，連當時的馬來西亞首相也忍不住嘲諷一番。有網民甚至威脅要把評判的頭割下來弄一個仁當。不久前，又有一位英國的電視節目主持示範如何炒飯，但這位主持竟然把煮熟了的白飯放進鋅盆過水沖洗，結果引來一眾亞洲網民嘲笑和批評。

　　這些反應似乎反映大部分人並不相信品味沒有標準。推而廣之，藝術評價也應當如是。如果書法沒有客觀好壞之分，那麼王羲之與初學寫字的小孩便沒有分別。又或

品味高低

者我寫微小說，只得一句「今天天氣很好」，難道真的與《紅樓夢》不相伯仲？莫札特和貝多芬也許難分高下，但貝多芬有一名學生Carl Czerny，一樣創作了大量鋼琴作品、交響樂、協奏曲和四重奏。只是，雖然大部分鋼琴學生都認識Czerny的鋼琴練習曲，但卻從來沒有人說Czerny的音樂造詣比貝多芬高。還有，很多藝術類型都有必須遵守的特定風格和基本規律，並非自說自話。巴洛克時期的音樂大多節奏穩定，不似浪漫派蕭邦的作品那樣經常採用彈性速度。同樣道理，完全燒焦難以下嚥的食物，斷不可能是天下最佳美食。

　　品味主觀論要處理的第三個問題，便是如何解釋「變態」這個概念。我們有時候會形容某些奇特的口味為「變態」或者「重口味」。喜歡飲極苦的咖啡並非變態，但喜歡飲尿則是。只是，為何主觀的口味會有變態和不變態之分？ 批評別人變態，意思應該不是「我對你的口味很反感」。否則的話，愛飲尿的如果對咖啡反感，說喜歡飲咖啡的人變態，也是合理的了。那麼，變態的意思是否「不正常」？但「不正常」又是什麼意思？是否代表統計上很少發生？如果是這樣理解，飲尿確實是變態而飲咖啡則不是。不過，比較冷門的興趣不一定是變態的。近年愛好集郵的人不斷減少，但他們不是越來越變態。「變態」涉及價值判斷，當中設定了某些準則，而非純粹是一個統計概念。

　　所以，我懷疑很多人對品味的看法都是自相矛盾的：一方面認為品味見仁見智沒有標準，但同時又習慣對品味

哲食之道

的高低作出判斷。我有一本介紹日本清酒的書《日本餐酒誌》，[5] 作者在序裏說「酒沒有所謂的好壞之分，只有適合和不適合個人偏好的問題」，但這本書很快便接着說「日本酒的釀造過程與風土，左右酒的味道與好壞程度。」那麼到底清酒有沒有好壞之分呢？如果沒有，為何要寫書教人應該如何品酒？

當然，推介飲食的書籍不一定要假設品味有高低之分。葡萄酒有不同的味道和種類，有紅有白，有甜有甘（dry），葡萄酒專家可以如實介紹，協助讀者選擇適合個人口味的酒。不過，食評家往往被視為品味標準的權威，他們的角色通常不止於描述事實。很多人甚至願意付費跟他們上課，希望能夠模仿他們的品味。對於這些現象，品味主觀論可以如何解釋？如果品味真的沒有高低之分，為什麼會有品評家的存在？為何我們要理會他們的意見呢？進一步來說，藝術訓練也涉及同樣的問題。跟隨名師，不單是學習有關藝術技巧和藝術歷史的知識，同時也是要改進審美眼光和鑑賞能力。如果藝術沒有客觀準則，只要自己喜歡便好，又何需改進？

誰是食評家

休謨（David Hume）是非常著名的蘇格蘭哲學家。他認為除了數學和邏輯以外，所有知識都必須建基於經驗。

5　歐子豪與渡邊人美 (2015)《日本餐酒誌 —— 跟着SSI酒匠與日本料理專家尋訪地酒美食》積木文化股份有限公司。

這種經驗主義，對哲學和科學的發展影響深遠。德國哲學家康德說休謨的作品令他從「武斷的迷夢」(dogmatic slumbers) 中醒來。本書第一章也提到，愛因斯坦的狹義相對論，也是受休謨所啟發。

休謨有一篇關於品味的文章《論鑑賞的原則》(Of the Standard of Taste)，看法相當獨到。他認為品味的判斷不能脫離主觀感覺。不過，這不代表品味沒有高低優劣之分。休謨指出，品味的高低，是基於某些「鑑賞準則」。那麼這些準則又從何而來呢？休謨的答案是，鑑賞準則取決於品評家的一致判斷。當所有品評家都同意甲比乙好，這便表示甲的藝術價值比乙為高，而這個結論也會成為其他人所引用的鑑賞準則。這個立場最特別的地方是，雖然品味的高低是依賴主觀判斷，但卻不是各說各話。

休謨認為，真正的品評家必須符合五項條件：[6]

+ 頭腦清晰：品評家要清楚品評的目的和對象，願意花時間學習和理解背景資料。作出判斷時，要有系統地列舉褒貶的論據，清晰地表達意見。
+ 觀察入微：品評家必須觸覺敏銳，分析細緻，這樣判斷才不會流於表面。功力深厚的食評家，能夠識別比較微妙的味道，不會只是重複人所共知的評論。
+ 訓練有素：品評是一種技能，需要經過長時間的訓練

---

6 休謨原文是這樣形容合資格的品評家："Strong sense, united to delicate sentiment, improved by practice, perfected by comparison, and cleared of all prejudice, can alone entitle critics to this valuable character."

哲食之道

和實踐來累積經驗和知識。香港資深食評家唯靈也說過，食評家「首先天生要有好強的記憶力，記住優與劣的味道，才能作出比較。就好像品酒一樣，要清楚記住每一種葡萄酒的產地、年份，才能對下一次的品酒作出比較及評價。但天分係可以培養嘅，最重要食得多，不能坐井觀天。」[7]

- 閱歷豐富：沒有嚐遍大江南北的美食，很難成為食評家。品評常常涉及比較，品評家要依賴想像力和記憶力，經驗狹窄會是一大障礙。食評家蔡瀾也同意：「做食家的條件，首先要有錢，能讓你去試遍本地美食，又可到外國尋找。如果沒出過門，吃來吃去都是那幾樣，就不能客觀地去比較。這是事實，很殘酷，但我不得不照實說。」[8]

- 不偏不倚：品評家的判斷要公正和客觀，不能因私利或成見而變得偏頗。例如食評家不可以因為不吃辣便貶低川菜，又或身為法國人便偏袒法國酒。唯靈先生說他自小不嗜甜，所以從來不寫甜品食評。

以上的條件，不單適用於食評，也適用於其他範疇的藝術評論。《文心雕龍》是中國文學理論的巨著，作者是南朝的劉勰（約465-520）。他在書中的〈知音〉篇中指出，

7　檢自：http://orientaldaily.on.cc/cnt/lifestyle/20110820/00296_001.html。唯靈 × 王貽興 食家對談錄 《東方日報》（2011年8月20日）。
8　檢自：https://hk.appledaily.com/skipped-hk/20110429/XBQH4NW7Z2J7WWQB5N3WG3LZQU/

要培養文學評論的技能，必須擁有良好的思考能力：「目了則形無不分，心敏則理無不達。」另外，廣博的知識和相關的訓練也不能缺少：「凡操千曲而後曉聲，觀千劍而後識器。故圓照之象，務先博觀。」而評論的時候定要持平而不偏私，不能只是讚賞自己偏愛的東西：「無私於輕重，不偏於憎愛，然後能平理若衡，照辭如鏡矣。」這些原則，與休謨所述的品評家條件不謀而合。

　　套用休謨的理論，品評食物並非只求表達個人的喜好。「鼎記的小籠包非常好」的意思大概是「根據食評家的鑑賞準則，鼎記小籠包非常優質」。如果我們對鼎記的小籠包的評價有別，這確實是一個事實上的分歧，而分歧便在於我們對專家的鑑賞準則有不同的看法。如果所有食評家都很喜歡鼎記的小籠包，那麼「鼎記的小籠包非常好」便是正確的了。[9]

　　值得注意的是，鑑賞準則來自品評家的一致判斷，但如果一眾品評家未能達成共識又如何？休謨認為，若然分歧無法化解，這些分歧是「無可指責」（blameless）的，也就是說鑑賞準則不能為此提供任何指引。所以，對休謨而言，品味是否有高低之分不能一概而論。例如李白還是杜甫的詩比較好，文學品評家的意見並不一致，所以便沒有正確答案；但說到李白的詩比乾隆皇帝優勝，相信所有專家都是眾口一詞。

9　我對休謨的詮釋，並非完全準確，但篇幅有限，細節很難在這裏詳細解釋。

哲食之道

變態口味

　　休謨依靠品評家來釐定品味的高低，而合資格的品評家必須不偏不倚。不過，客觀持平的品評家，是否真的存在？一般人很容易受情緒和偏見所影響，品評家也一樣。以音樂為例，長久以來，很多交響樂團歧視女性，認為她們的演奏水平較低。有些頂尖的樂團對來自亞洲的演奏者也有偏見，認為他們不懂演繹西洋音樂。幸好自二十世紀七十年代開始，歧視的情況逐漸改善。現在很多樂團甄選新成員時，會要求應徵者隔着屏風演奏。

　　品評家的口味來自長期的學習和訓練，但他們可能會因此太過維護傳統的鑑賞準則，而錯誤地貶低新的藝術流派。在藝術史上，這類情況屢見不鮮。本書上一章指出，印象派畫家最初飽受藝評家抨擊，很少人欣賞。就算是近年聲名鵲起的分子料理，也有不少廚師和食評家認為只是嘩眾取寵的技倆。

　　法國葡萄酒一向廣受愛戴，但消費者現在也認為新世界不少佳釀也毫不遜色。美國屬於新世界，有不少頂級酒莊位於加州。不過，加州酒莊早年的市場地位低微，一般酒評人認為法國酒的特色來自酒莊的「風土」（terroir），是外國酒所無可比擬的。直至1976年，英國酒商Steven Spurrier在巴黎舉辦了一場品酒比賽，比較法國葡萄酒與加州酒。代表法國的著名酒莊包括Mouton-Rothschild和Haut-Brion等。當時絕大部分專家都以為法國酒定必勝出，報館大都沒有興趣報導這場比賽，最後只得一名美國記者到

場。是次比賽是以盲品（blind tasting）方式進行，也就是説評分時不會知道所飲的酒是來自哪個酒莊。令人大跌眼鏡的是，雖然過半的評判是法國人，但結果竟然是加州酒大獲全勝！這場稱為Judgment of Paris的品酒會，奠定了加州酒的地位，對全球葡萄酒業影響深遠。這個例子說明，品評家有時也難免偏頗，要找出符合休謨所提條件的品評家並不容易。

另外，休謨的鑑賞準則來自合資格品評家的一致判斷，但「一致」是什麼意思？是否要全體同意？那要求會否太高？我認識一位哲學家，平日對食物無甚要求，但他認為世上最佳美食便是出前一丁即食麵。我知道後，心想他的口味為何這麼糟糕？不是說即食麵不好吃，但天下美食多不勝數，豈是一碗出前一丁可以比擬？後來我才發現，這位朋友雖然多年來煙不離手，但他對食物的觸覺卻是敏銳的。要他品評一道菜，他的分析可以十分細緻。比較微妙的味道，他也吃得出來。不過令人費解的是，他最鍾情的食物始終是出前一丁。

休謨認為口味上「無可指責」的分歧，並沒有對錯之分。我們可以設想，可能有些符合休謨要求的食評家，口味奇特，對於其他食評家所欣賞的美食不以為然，就好像我那位哲學家朋友一樣。我們如何斷定這個分歧是「無可指責」？又還是這位食評家其實過於偏頗？有一個非常重口味的例子，希望各位讀者不要介意。食評家和正常人，都會認為糞便不能亦不應該入口，更遑論把糞便當作美食

哲食之道

了。只是這個世界無奇不有，有些人有嗜糞癖，喜歡吃和玩弄糞便，尤其是發生性行為的時候。Veronica Moser 是一位德國色情電影演員，她拍攝的電影不乏吃糞的片段。網上有一個她的錄影訪問，談及她的工作和嗜好，大家可以看看。[10] 從訪問來看，她很喜歡在發生性行為時把糞便塗滿全身，以及把糞便吃下肚。有趣的是，她說她剛開始嘗試吃糞便時，會不由自主地把糞便吐出來。她自我訓練了好一段時間，才能吃下大量糞便而不嘔吐。她也說糞便的味道因人而異，但她比較喜歡吃男人的糞便，因為男士通常吃肉較多，糞便的味道比較濃烈（spicy）！

　　單看訪問，我覺得這位女士對答如流，態度誠懇，絕不似在說謊。對正常人來說，當然難以認同她的喜好，但這類例子對休謨來說卻是一大挑戰。根據休謨的理論，如果所有合資格的食評家都認為雪糕比糞便美味，那麼這項鑑賞準則便屬正確。問題是，雖然上述德國女士好像十分「變態」，但她也有可能是一位合資格的食評家。也許這位女士味覺敏銳，品評經驗豐富，為人公正，但卻始終認為糞便比雪糕美味。推而廣之，在美食以外的其他藝術範疇，可能同樣有一些口味怪異的品評家，他們的藝術價值判斷往往與主流意見不同。如是者，合資格的品評家永遠無法就鑑賞準則達成共識，有關藝術價值的爭議依然是各說各話，並沒有正確答案。

10　網站地址：https://youtu.be/6xRm7OKH844。放心，影片只是一段訪問，不會播放她的作品。

當然，休謨的理論，未必這麼容易否定。要處理這一類例子，可以有不同方法。首先，也許正確的鑑賞準則只需要獲得大部分合資格品評家的同意，而非一致贊同。另外，由於休謨認為品評家要不偏不倚，我們也可以嘗試界定清楚「不偏不倚」的意思，看看是否可以藉此排除一些怪異口味。

　　還有一個回應，未知大家會否同意。我認為鑒賞一件物件的藝術價值和美感時，必須考慮該物件所屬的類型或希望體現的風格。不同的類型和風格，會有不同的鑑賞準則。彈奏蕭邦和其他浪漫派的鋼琴作品，經常會用踏板來延續和弦與旋律，以求更優美動人。不過，彈奏莫札特或巴赫的樂曲，卻切忌過分使用踏板，以免音樂變得模糊。

　　品評食物也有類似的考慮。意大利那不勒斯的薄餅，餅底厚薄必須適中，外面香脆但裏面要有咬感，餡料不能亂來，尤其絕不能放菠蘿！這種薄餅，與美國芝加哥的深盤薄餅以至加州薄餅，各有分別。煮印度咖喱伴以白飯，白飯要用basmati香米，飯煮出來必須柔軟而且米粒分明，與中菜的白飯不一樣。

　　由此可見，食物和藝術好像遊戲一樣，有一定的規律需要遵守，但這些規律並非絕對，而是視乎所屬的類型。藝術家Tiravanija在畫廊請觀眾吃咖喱飯，他的咖喱飯作為食物可能平平無奇，但若視作行為藝術卻是值得細味。回到上面嗜糞癖的例子，也許我們可以這樣回應：糞便的鑑賞價值並非絕對。品評食物的專家，一定不會認同糞便

是美食；但相對於某類有特殊性癖的專家來說，糞便卻是不可或缺的重要元素。品味的準則雖然最終反映主觀的判斷，但也不是人言人殊，沒有批評和討論的餘地。

討論

1. 品味的判斷是否表達個人的喜好？如果有人說：「這是個一流的榴槤蛋糕」，這句說話的意思是否等同「我非常喜歡這個榴槤蛋糕」？如果真的是這樣的話，「這是個一流的榴槤蛋糕，但我不喜歡這個蛋糕」應該是自相矛盾的句子了。這個分析是否正確？你能否想像在哪些情況，我們會讚賞一個我們不喜歡吃的蛋糕？

2. 品評家除了判斷品味的高低，還有什麼功能？

3. 休謨的理論，以合資格的品評家的共識來釐定鑑賞準則。如果品評家口味怪異，自然無法達成共識。要解決這個問題，我們是否可以要求合資格的品評家不能擁有奇特和變態的口味？

4. 有些人認為不同類型的藝術不能比較，例如古典音樂和爵士樂沒有高低之分。根據這個看法，藝術價值的比較，只適用於同類型的藝術作品。你同意嗎？理由是什麼？

11

科學與意識

臭豆腐是中國的傳統美食，由豆腐發酵而成。以前香港有不少地舖和小販售賣油炸臭豆腐，逛街時未見臭豆腐便先聞其香。可惜近年這股獨特氣味在市區已幾近絕跡。當然，臭豆腐並非人人都可以接受，很多人認為它臭得噁心。據研究指出，臭豆腐的氣味來自數十種揮發性化合物，其中濃度較高的包括：[1]

- 吲哚（indole）
- 二甲基三硫醚（dimethyl trisulfide）
- 二甲基二硫（dimethyl disulfide）
- 二甲基四硫醚（dimethyl tetrasulfide）
- 2,3,5–三硫雜己烷（methyl methylthiomethyl disulfide）
- 苯酚（phenol）

假使你從未品嚐過臭豆腐，你能否單憑以上清單推斷

---

[1] Yuping Liu, Zhiwei Miao, Wei Guan and Baoguo Sun. (2012). Analysis of Organic Volatile Flavor Compounds in Fermented Stinky Tofu Using SPME with Different Fiber Coatings. *Molecules*, 17, 3708–3722.

出臭豆腐的氣味？當然，如果你懂化學，做實驗時嗅過這些化合物，你也許因此猜想到臭豆腐的氣味。不過，這是因為你從主觀經驗已經得知這些化合物的氣味。如果你只知道它們的分子結構和化學性質，但你從未接觸過這些化學成份，也沒有聞過任何帶有的臭味的東西，那又如何？相信很多人會認為，無論你的化學知識如何廣博，你都不能真正明白臭豆腐的「奇香」。

　　這個例子引伸出一個有趣而且很重要的哲學問題。食物的色香味是人類意識的一部分。客觀的科學能否解釋主觀的意識？如果不能，這是否代表意識是一種超自然現象？

兩種意識

　　吃臭豆腐時的感覺，屬於「感官意識」。感官意識包括五官的感覺、疼痛和發癢等。這些經驗來自各種感受事物的器官。不過，有時候我們討論「意識」，可能是指「自我意識」而非「感官意識」。擁有「自我意識」，必須具備「我」這個概念，並且能夠運用這個概念來思考自己的狀況。能夠感受痛楚的生物是否一定擁有自我意識，暫時未能肯定；但如果有證據顯示這個生物可以判斷自己正在經歷痛苦，這便足以證明牠擁有自我意識，意識到自己的存在。

　　我們不應該混淆「感官意識」與「自我意識」，因為它們有可能是獨立的心理現象，未必同時並存。[2] 我們有理

2　不過，有些認知科學的理論，正是以自我意識解釋感官意識。這些理論

　　　　　　　　　　　　　　哲食之道

由相信，所有哺乳類動物都能夠感受痛楚，所以牠們都擁有感官意識；但牠們是否全部都擁有自我意識，這個卻很難判斷。一隻羊遇見狐狸可能基於本能反應而逃跑，但牠是否擁有高一層的認知能力，具有「我相信我前面有一隻狐狸」這個念頭？人類思維最寶貴的地方，便是可以深入反省和修正自己的思考。這種自省能力，正是拜自我意識所賜。

有科學家建議利用鏡子測試自我意識：如果一隻動物能夠在鏡中認出自己，便肯定擁有自我意識。測試的辦法，是趁動物不為意時，在牠無法直接看到的身體部位（例如額頭）塗上顏料，然後觀察動物在鏡子前的反應。如果牠嘗試接觸或擦掉顏料，這便足以證明動物明白鏡裏的影像是自己，亦即擁有自我意識。

根據這個測試，人類的自我意識，大概要到歲半至兩歲左右才出現。不過，就算我們同意比較年幼的嬰兒沒有自我意識，相信大多數人仍會肯定嬰兒擁有感官意識。當嬰兒嚎哭的時候，應該是源於他們感到痛楚或不舒服，而非機械性的條件反射行為。如此推斷，初生嬰兒只擁有感官意識而沒有自我意識。

除了人類，目前已證明能夠通過鏡子測試的動物包括類人猿（great apes）、殺人鯨、海豚、大象和喜鵲。其他如貓狗等動物，就算與鏡子朝夕相對，絕大部分情況下也未能通過測試。不過，我們要注意的是，「通過鏡子測試便

是否正確，我們在這裏不作討論。

證明擁有自我意識」，不代表「未能通過測試便肯定沒有自我意識」。一隻動物沒有在鏡前作出自我檢查的行為，可能只是對鏡子沒有興趣，又或其智力不足以瞭解鏡子的運作原理，人類嬰兒也可能情況雷同。大家有興趣的話，不妨想想有沒有其他測試自我意識的方法。

味道在哪裏

感官意識和自我意識都是我們熟悉的心理現象。沒有感官意識，我們便不能夠享受美食。享受美食要辨別不同的味道。我們能夠感受多少種味道，是個有趣的科學問題。酸甜苦辣鹹這五種味道人所共知。不過，科學家要等到二十世紀才承認「鮮味」(unami)也是一種基本味道，也就是蘑菇、肉類、海苔、海鮮和味精共通的味道。其實我們的舌頭還可以感覺到溫度、麻味、甘涼味[3]、澀味(紅酒可以澀而不苦)和金屬味(比如生蠔)。近年更有科學家認為「肥味」也是一種味道，因為舌頭上有些味蕾好像可以偵測到脂肪。當然，這些說法不是沒有爭議，例如有科學家認為辣味是一種痛楚感覺，類似灼燒，因此不視之為獨立的味道。

描述食物時，我們有「舌尖上的味道」這講法。食物太辣，我們會說舌頭很辛苦。這是否代表味道存在於我們的舌頭或口腔之內？只是，味道既然是主觀心理現象，那不是應該屬於大腦的神經活動嗎？要解答這個問題，我們

3　不是溫度上的，而是薄荷味那種涼快(暖的薄荷糖也可以是涼快的)。

哲食之道

可以拿痛楚來比較。如果你腳痛，你的痛楚是在你的腳，還是在你的腦袋裏面？有一個現象很特別，有些人因為意外而須截肢，但截肢後依然感覺到失去了的肢體，甚至在那些地方感到痛楚。例如病人可能已經切斷了左手，但卻感到自己的左手握成拳頭，指甲緊緊地插入掌心，痛苦不堪。這類稱為「幻痛」（phantom pain）的現象並不罕見，但不容易治療，因為發生痛楚的身體部位根本不存在！

與「幻痛」一樣，味覺和嗅覺也可以產生「幻味」。味覺神經系統過於敏感，又或者腦部出現毛病，都可以令人感受到虛幻的味道，譬如總覺得口腔有一種金屬味。著名爵士樂音樂家George Gershwin在1937年突然開始感到幻味，常常嗅到燒橡膠的氣味。他很快便死於腦腫瘤，享年只有39歲。嗅覺對感受味道十分重要。感冒時若然遇上鼻塞，食物的味道會大打折扣。有些人的嗅覺神經壞掉，所有食物都變得索然無味，整個世界頓然失色。

幻味和幻痛一方面是假象，但同時又真有其事。要理解這個現象，我們可以運用「指涉內容」（intentional content）這個概念。我們思考的時候，每個思緒都有獨特的指涉內容。如果你在想今天會否下雨，你的思考便是關於天氣。我們思考的指涉內容包羅萬有，可以是關於過去或未來的事情，甚至是不存在的東西，例如偵探福爾摩斯和北極的聖誕老人。感官意識所帶來的感覺，在這方面與思考相似，也有指涉內容。這些感覺的內容，主要是關於我們身體的即時狀況，例如手腳現在的位置、身體的溫度、

皮膚是否接觸到其他東西、有沒有身體部位受傷等等。不同類型的感覺，提供不同的信息。我的手可以又熱又痛又癢，這三種感覺傳遞了關於同一個身體部位的三種不同資訊。套用這個思路，我們可以說幻味和幻痛都是真實存在的心理現象，錯誤的只是它們的指涉內容。手痛的指涉內容可以是「左手正在受到傷害」，但在一個左手截肢者身上，這便是錯誤的信息，就好像相信「外面下雨」但其實室外正在放晴一樣。

所以「痛楚在哪裏」這個問題，可以有兩個意思。第一個意思是痛楚這個心理現象在哪裏發生。大部分科學家當然會說痛楚存在於腦部。但「痛楚在哪裏」的另外一個意思，也是日常生活所指的，便是痛楚的指涉內容關乎哪一個身體部位。

物理主義

那麼我們的味覺意識又位於大腦的哪一個角落？這個問題很難解答，因為我們至今對大腦與意識之間的關係尚未了解透徹。不過，腦部其中一個處理味覺資訊的地方是腦島皮質區（insular cortex）。食物味道的好壞和濃烈程度，都會影響此區腦細胞的活躍程度。如果大腦這個區域受到創傷，有可能會失去味覺但無損思維能力。

古希臘哲學家亞里斯多德，誤以為心臟才是主宰心理現象的地方，大腦只是用來散熱。現在我們知道大腦其實是一個異常複雜的系統，各個部分都有不同的心理功

哲食之道

能。腦中風在不同地方發生，後果並不一樣。額前葉皮質（prefrontal cortex）受損，可以令人性情大變。有些人中風後喪失表達能力，但理解語言卻沒有困難。另外有些情況則是理解能力受破壞，說話內容凌亂甚至沒有意義，但卻非常流暢。更奇怪的是有些人只是改變了口音！

腦部的視覺系統受到損害，可以令人局部或完全喪失視力。有些人突然變成色盲，五彩繽紛的世界不復再；另一些人可能儘管眼睛健全，卻無法辨認相貌，妻子換了髮型和衣服便認不出來。有趣的是，當我們閉着眼在腦海想像一些事物，視覺系統有些地方也會活躍起來。科學家試過運用電腦掃描觀察這些地方，然後猜測我們到底是在想像一個地方還是一張面孔，準確程度可達85%。[4] 有日本科學家更利用電腦來分析我們發夢時的腦部活動，從而成功推斷夢境的內容。[5]

腦部掃描也可以用來預測行為。有一個實驗，讓測試者隨意在任何時候用左手或右手按鍵。科學家觀察他們大腦的狀況，可以在測試者按鍵前十秒預測到他們會用哪一隻手。雖然預測的準確程度只有六成左右，但最特別的地方是，這個預測是在實驗對象認為他們尚未下決定之時作出的！[6] 類似的實驗，令很多科學家相信，心理現象是由

4   O'Craven, K. M., & Kanwisher, N. (2000). Mental imagery of faces and places activates corresponding stimulus-specific brain regions. *Journal of Cognitive Neuroscience*, 12(6), 1013–1023.

5   Horikawa, T., Tamaki, M., Miyawaki, Y., & Kamitani, Y. (2013). Neural decoding of visual imagery during sleep. *Science*, 340(6132), 639–642.

6   Soon, C. S., Brass, M., Heinze, H. J., & Haynes, J. D. (2008). Unconscious

腦細胞的活動所構成。只是，為什麼腦細胞可以產生思考和意識等心理現象？

這個答案有兩部份。首先，各種心理現象都有一個共通點，便是它們都涉及資訊處理。以做一碟炒蛋為例，大腦首先要處理來自眼睛的視覺訊息，例如蛋的顏色和線條，然後計算出雞蛋的位置和距離。用手把蛋拿起來和敲開蛋殼是高難度動作，力度不足蛋會掉下來，太大力又會把蛋捏爛。當中的資訊處理需要複雜的物理運算和反饋調控。炒蛋時，我們要根據記憶內的烹調步驟，配合即時狀況作出適當的決定，這也是一個資訊處理的過程。如果要跟隨食譜，我們便要依賴有關語文的訊息。由此可見，無論是思考、觀察世界或是行動，各種心理現象都必然涉及處理大量而複雜的資訊。

現代認知科學和腦神經科學的最大貢獻，便是發現我們的大腦原來是一部精於處理資訊的電腦系統。這部電腦與工廠生產出來的電腦當然大有差異，但基本運作原理卻是一樣的，就是以運算程序（computation）來處理資訊。簡單地說，運算程序是以特定的規律來處理符號。例如以紙筆計算123×246也可說是一個運算程序。方法是把複雜的問題分拆成較簡單的問題，然後逐個部分分開處理：例如可以先計算123×2，再計算123×4和123×6，再用恰當的進位方法把幾個答案加起來。而計算123×2，也涉及

---

determinants of free decisions in the human brain. *Nature Neuroscience*, 11(5), 543–545.

哲食之道

更基本的運算，例如3×2。谷歌公司創造的人工智能程式AlphaGo能夠打敗世界圍棋冠軍，最終也是依賴大量的運算程序。

AlphaGo雖然圍棋了得，但相信大部分人都不會認為這個程式真正能夠思考和擁有意識。有人或會因此產生疑問：運算程序能否解釋心理現象？一部手機裏有處理器、記憶體、圖像處理器等電子零件。這些零件皆由電晶體所組成，而每個電晶體都是一個運算單元，總數可能達數千億。相比之下，我們大腦只有約一千億個腦神經細胞。為什麼我們擁有意識，但手機卻沒有？

不過，腦神經細胞的運算模式，要比電晶體複雜很多。有很多關乎腦神經細胞運算功能的細節，科學家至今也未能完全瞭解。另外，普通的電晶體通常只有三隻「腳」用來連接至其他電晶體和電腦零件，但腦細胞卻不一樣，一個細胞可能連接至一千個其他腦細胞。小腦內的普金斯腦細胞（Purkinje cells），甚至有可能聯結至二十萬個腦細胞。這些能夠傳遞訊息的連結稱為「突觸」（synapse），而大腦內突觸的總數也許達到10^{14}，但真實的數目沒有人能說得準。這些連結，把腦細胞組合成一部異常複雜的超級運算系統。大腦的獨特運算功能，至今還沒有任何人造電腦可以模擬。

因此，人工智能還未能夠帶來有意識的電腦，實在不足為奇。不過，很多科學家和哲學家相信這只是時間問題。他們認為，人腦和電腦都是運算系統，本質上沒有分

別。任何運算系統與宇宙所有其他東西一樣，最終都只是物理現象。這個立場可稱為「物理主義」（physicalism）。物理現象是指諸如原子、磁場、光波、引力、電子、夸克（quark）等事物。根據物理主義，世間所有的能量、物質和生物都是由這些基本物理現象所構成的。人類意識最終也是一種物理現象，原則上可以通過科學方法來解釋。

尋找靈魂

根據物理主義，心理現象存在於大腦。這並非盲目的假設，而是一條很有成果的研究進路。這條進路未必正確，但放棄的理由必須非常充分。很多人基於宗教理由反對物理主義。他們相信思考和意識來自靈魂。靈魂平常依附在我們的身軀，但人死後靈魂卻可以繼續存在。靈魂與鬼神同屬靈界，是非物質的超自然現象。

相信靈魂和鬼神，並不一定是迷信或者違反科學，關鍵是有沒有充分的客觀證據支持。很多人認為自己見過鬼、又或者能夠與神靈對話。對他們來說，這些經歷可能非常深刻，無庸置疑。不過，我們真心相信的東西，不一定是對的；就算是對的，也不代表其他人有相信的理由。科學家Carl Sagan的忠告很值得參考：「非比尋常的假設，需要非比尋常的證據。」我們本着求真的精神，絕對不應武斷地否定靈魂的存在；但認為靈魂存在，確實是個非比尋常的假設。為了減低自我欺騙的風險和令別人心悅誠服，證據的質量必須非常高。

　　　　　　　　　　　　　哲食之道

原則上，如果有靈體願意和科學家溝通，我們便可以運用科學方法，驗證它們的存在。例如我們可以要求它們提供一些不可能循正常途徑獲得的資訊。我有一位親戚曾去「問米」，希望透過靈媒與死去的父親溝通。靈媒接通了亡父後，傳話說家裏拜祭他的神台，四隻腳有一隻短了一截，令他很不舒服。親戚回家檢查，發現神台真的不平衡，慌忙修理。這到底是靈媒僥倖猜中，還是她真的可以與鬼魂溝通？天曉得！不過，如果我們能夠嚴謹地反覆進行類似的實驗，排除作弊和亂猜的機會，而且得到明確的正面結果，這將會是非常有力的證據。美國魔術師和科普作家James Randi，便曾經設立一項一百萬美元的獎金，用來送給第一位能夠證明有超自然現象的人。結果當然有很多人嘗試，但沒有人能夠拿到獎金。現在魔術師已經辭世，這項挑戰也結束了。如果讀者很富有的話，大可考慮成立一個類似的獎金。

　　不過，俗語有謂：「天機不可泄漏」，聖經也說：「不可試探主你的神。」有些人可能相信，神靈和鬼魂有特別原因不參加這些科學研究。這是否只是藉口，我們暫且不理。不過，確實有科學家嘗試進行類似的實驗來證明靈魂的存在。

　　大家都可能聽過靈魂出竅的故事。很多人在嚴重意外或瀕死時突然覺得自己脫離了肉體，浮在半空望着自己的身驅。類似的醫學個案十分普遍。一項荷蘭研究訪問了三百多名心臟病發需要急救的病人，包括不少心跳停頓而

陷入昏迷的人。調查發現當中有12%的人病發時有瀕死的經驗，有4%的人體驗到靈魂出竅。[7]

這些經歷能否證明靈魂的存在？由於這些例子實在很普遍，大部分科學家都肯定很多病人都有類似的經驗。不過，這些經驗也有可能是大腦受創時的反應，例如是腦部缺氧的結果。有學者認為，所謂「靈魂出竅」，是我們的感官意識的統一性受到干擾。戰機機師有時因為飛機加速太快，大腦血液運行受到影響，也會有相似的經歷，例如看見自己坐在飛機的機翼上！另外有些機師受訓時，坐在離心機承受強大的引力之際，也會出現這種情況。

事實上，科學家也有其他途徑複製「靈魂出竅」的經歷。我們之前討論毒品時談過「死藤」這種植物內的DMT化學成份。很多人服用DMT後，會產生異常清晰的幻覺，感到離開了身軀或者遇上靈體，與一般瀕死經驗很接近。[8]除了藥物以外，有瑞士學者試過直接刺激一位病人的右腦角迴（right angular gyrus），令病人感到飛在半空望着自己的身體。[9]利用虛擬實境VR眼鏡也可以製造脫離軀體的感覺。方法是用VR眼鏡觀看自己背面的即時影像，然後找

7　Van Lommel, P., van Wees, R., Meyers, V., & Elfferich, I. (2001). Near-death experience in survivors of cardiac arrest: a prospective study in the Netherlands. *The Lancet*, 358(9298), 2039–2045.

8　Timmermann, C., Roseman, L., Williams, L., Erritzoe, D., Martial, C., Cassol, H., ... & Carhart-Harris, R. (2018). DMT models the near-death experience. *Frontiers in Psychology*, 9, 1424.

9　Blanke, O., Ortigue, S., Landis, T., Seeck, M. (2002) Stimulating own-body perceptions. *Nature*, 419, 269–270.

哲食之道

人重複觸碰自己的背部。我們戴着眼鏡會看見自己的身體站在自己前方，不斷被觸碰，但觸碰的感覺卻在自己的背部。在這個過程中，我們有可能突然感到被碰到的地方是在自己的前面，就好像自己離開了身軀一樣。VR眼鏡已開始普及，大家有機會不妨一試。[10]

當然，科學家能夠製造靈魂出竅的錯覺，並不能證明沒有靈魂出竅這回事。我可以電激你的大腦使你有吃臭豆腐的幻覺，但這不表示這個世界沒有臭豆腐。不過，臭豆腐可以看得見也可以吃下肚，所以我們有獨立的原因相信臭豆腐的存在。相反，有什麼事物是單憑腦細胞活動所不能解釋，而只有接受世上有靈魂才能解釋？[11]

一項大型的瀕死經驗研究AWARE曾在幾個國家的多家醫院同期進行。[12] 研究人員在急救室和一些病房的高處放置不同圖案，但圖案只有在空中向下望才能見到，下方的病人和醫護人員對這些圖案則一無所知。如果有一定數目的病人經歷瀕死經驗，在空中漂浮，甦醒後可以正確地

10 Lenggenhager, B., Tadi, T., Metzinger, T., & Blanke, O. (2007). Video ergo sum: manipulating bodily self-consciousness. *Science*, 317(5841), 1096–1099.

11 很多人因為相信有靈魂，所以認為電腦沒可能擁有真正的思考和意識。不過，接受靈魂的存在，不一定要反對以運算程序來解釋心理現象。一個系統的運算功能，視乎其內部狀態之間的因果關係，與這個系統是否由物質構成無關。也許人類的心理現象是來自「魂」端運算，又或者靈魂只是一個緊急後備系統：思考和意識在正常情況下於腦部運作，死後才轉移至靈魂。當然，這些猜測並沒有科學根據，但接受世上有靈魂的人，也不能抹煞這些可能性。

12 Parnia, S., Spearpoint, K., de Vos, G., Fenwick, et al. (2014). AWARE—AWAreness during REsuscitation—A prospective study. *Resuscitation*, 85(12), 1799–1805.

描述這些圖案，這便是證實靈魂存在的強力證據。研究在2008–2012年期間，記錄了二千多宗心搏停止的病例，當中大概有八成的病人死亡。研究人員事後訪問了其中一百四十名生還者，有九人被列為有瀕死經驗，但沒有人看到隱藏的圖案。這當然並不代表沒有靈魂出竅這回事。事實上，這項研究有近八成的病例，都發生在沒有安裝圖案的地方。如能改善這項實驗的設計，在更多地方安裝圖案，以及延長研究的時間，那將會是非常重要的參考證據。

知識論證

反對物理主義，可以是因為相信靈界存在。另一個反對物理主義的理由，是認為人類的意識是主觀的心理現象，但科學是客觀的，所以一定不能解釋意識的本質。

這個論證是否成立，要看「主觀」和「客觀」的意思是什麼，但要把這些概念解釋清楚並不容易。澳洲哲學家傑克遜（Frank Jackson）曾經循這個進路提出了一個非常有趣的「知識論證」（knowledge argument）來駁斥物理主義。這個論證不難明白，我在這裏把他的版本稍作修改，應用在之前的臭豆腐例子上。[13]

傑克遜的知識論證是建基於一項思想實驗。假設有一位女孩子嘉嘉不幸患有先天性嗅覺缺失症（congenital anosmia），出生以來便沒有嗅覺，嗅不到任何氣味。不

13　見 Jackson, F. (1982). *Epiphenomenal qualia. Philosophical Quarterly*, 32, 127–136。原文的論證是關於一個在黑白世界生活、從來沒看過紅色的科學家。另外，本章節的討論，部分曾在《立場新聞》網站刊登。

過，嘉嘉因此立志成為一名研究大腦的科學家。她冰雪聰明，記憶力強，很快便掌握了所有與大腦神經系統相關的生理、化學和物理知識。天才橫溢的嘉嘉更因為研究成果卓越而獲頒諾貝爾物理學獎、化學獎和醫學獎，比居禮夫人更勝一籌。嘉嘉雖然沒有嗅覺，但我們沒有理由認為這妨礙了她理解任何科學事實和理論。假設嘉嘉對一切科學知識均瞭如指掌，無所不知。任何人吃臭豆腐時的大腦狀況，之前之後的物理、化學和生理變化，均在她的預測之內。

　　嘉嘉的知識雖然超乎常人，但她從來沒有任何關於嗅覺的經驗。問題是，她的科學知識是否足以令她明白臭豆腐的氣味呢？她會不會知道臭豆腐濃香撲鼻時的那種感覺是怎樣的呢？假設嘉嘉的嗅覺缺失症原來只是鼻子的嗅覺神經線出毛病，只消一項小手術便能治理，用不着腦部開刀。[14] 手術後嘉嘉恢復了嗅覺，我們第一時間送上一磚臭豆腐，你猜她會怎樣反應？相信很多人會認為，嘉嘉會得到一些新的知識。她可能會說：「哇！我以前雖然已經知道臭豆腐的化學成份以及所有關於嗅覺和大腦的科學知識，但到今天我才真正明白臭豆腐的氣味原來是這樣的！太美味了！快多來一碟！」

　　如果我們同意嘉嘉到手術後才真正知道臭豆腐的味道，獲得新的知識，這便意味她手術前的知識並沒有囊括所有關於嗅覺的知識。由於我們假設了嘉嘉早已經掌握所有相關的物理事實，所以她的新知識便肯定不是關乎任何

14　先天性嗅覺缺失症的成因實際上並不是這樣簡單的。

物理事實。這似乎證明，我們的嗅覺意識其實涉及了一些超乎物理的事實。換句話說，意識涉及一些科學不能解釋的非物理現象。因此，物理主義是錯的。

兩種知識

以上的知識論證，引起很大的爭議。很多認同靈魂存在的學者，對論證表示贊同。然而，反對這個論證的哲學家和科學家，也為數不少。有趣的是，當初提出知識論證的哲學家傑克遜，現在卻不再接受自己的論證！只是，論證到底在哪裏出錯，至今仍然眾說紛紜。

有分析認為，知識論證混淆了兩種不同的知識。[15] 知識可以分為資訊知識（factual knowledge）和技能（ability）兩大類。資訊知識是指對事實的認知，例如我們都知道1+1=2、鐵是一種金屬、月亮比地球小等等。這些資訊知識的內容都是一些事實，但技能卻不一樣：擁有一項技能並非純粹明白一些事實，而是懂得如何作出相關的行為。一個曉游泳的成年人固然掌握了某些有關游泳的資訊，比如知道不應在水底呼吸，但知道這個事實，卻未必等同做得到。很多初學者下水後心慌意亂，很容易不自覺地張口喝了一肚子水。所以習泳不能單靠在課堂聽講，必須下水實習才行。

那麼這兩種知識與知識論證又有何關係？簡單來說，

---

15 Lewis, D. (1988). What Experience Teaches. 收錄在 Lewis, D. (1999). *Papers in Metaphysics and Epistemology* (pp. 262–290). Cambridge: Cambridge University Press.

支持物理主義的人可以這樣回應：世間所有資訊知識歸根究底都是關乎物理事實，而嘉嘉在手術前也確實擁有所有關於臭豆腐的資訊知識。嘉嘉手術後第一次嗅到臭豆腐的香味，讓她獲得新的知識，但這只是新的技能而不是新資訊。套用上面的例子，一名科學家可能掌握了所有關於游泳的資訊，卻依然不懂游泳。這名科學家欠缺的是技能而不是資訊，而我們也不應因此斷言游泳是超乎物理的現象。

這個回應可稱為「技能論」。技能論是否正確，關鍵在於嘉嘉得到的新知識是否只是技能而沒有新的事實。接納技能論的哲學家認為，嘉嘉現在終於明白臭豆腐的氣味，是因為新的主觀經驗令她從此有能力辨認出臭豆腐的氣味，以及能夠想像和回憶這種氣味。這些新技能並非新的資訊知識，所以不能駁倒物理主義。

有關知識論證的爭議，當然未曾因此落幕。筆者不接受知識論證，但亦不完全同意技能論的分析。技能論正確之處，是指出了問題的關鍵在於釐清不同類型的知識，但我認為嘉嘉接觸臭豆腐後得到的新知識，並非純粹是一種技能，而是確實包括了一些資訊。這一類型的資訊告訴我們不同的主觀經驗能帶來什麼感覺，而新的資訊也可以運用於思考和推理當中。例如嘉嘉可能會想：「如果這是臭豆腐的氣味，那麼芒果的氣味便不是這麼樣的了。」

不過，要掌握這種資訊，我們思考時必須運用一些特殊的「感官概念」（phenomenal concept），例如以「這種臭味」來表達這一刻的感覺。感官概念可以應用於判斷和推

理。我們吃雪糕時可能會這樣想：「這樣的⋯味道應該是菲律賓芒果而不是印度芒果」。又或者我們嘗試記起貝多芬的《月光曲》，內心會這麼想：「第一樂章開首是這樣的⋯。」這兩句句子裏面「這樣的⋯」表達了一個感官概念，空白的地方是以味道和音樂來填上。這些概念透過主觀經驗來表達，與大部分科學概念並不一樣。科學知識運用的概念，通常是根據一套理論來界定和釐清，而不是建基於主觀經驗。

雖然科學概念和感官概念有分別，但最重要的是，不同的概念可以是關於(指涉)同一個現象，正如「我」和「這本書的作者」是指同一個人，卻表達了不同的概念。如果我失去記憶，我依然知道我是我，但卻可能忘記了我是這本書的作者。「我喜歡長跑」與「這本書的作者喜歡長跑」兩句句子，運用了不同的概念，但卻是描述同一個人和同一項喜好。所以，我們不能排除一個可能性，就是嘉嘉雖然在手術後獲得新的資訊知識，但這可能只是運用非科學性的感官概念來理解物理世界的事實。所以，知識論證依然不能證明物理主義是錯的。當然，這是否一個合理的回應，要再仔細分析和評估。最後還有一點要注意的是，縱使知識論證不能成功駁倒物理主義，這也不代表物理主義是對的。大千世界無奇不有，出人意表的事情多的是。無論是什麼主義都好，我們都不應盲目附會，最重要的是講求證據。大家下次享受臭豆腐之餘，別忘了背後還有一個尚待解決的科學和哲學難題。

哲食之道

討論

1. 擁有感官意識的個體，不一定擁有自我意識。那麼有沒有可能擁有自我意識而沒有感官意識？人工智能會否是個例子？

2. 有些人認為電腦只會跟從指令而不能發揮創意。你同意嗎？

3. 電腦有沒有可能有情緒，例如喜怒哀樂？

4. 「物理現象」這個概念應如何界定？意思是否清楚？

5. 如果你相信有靈魂，你會怎樣解釋大腦的功能？為何大腦掃描可以讓我們知道思考和意識的內容？

6. 你如何評價這兩項對知識論證的批評？

   (i)「我們很難想像一個人怎樣能夠明白一切科學知識，因為科學知識實在太廣泛。如果嘉嘉真的知道所有科學知識，她也有可能因此知道臭豆腐的氣味是哪一種主觀經驗。」

   (ii)「知識論證一定有問題，因為論證如果能夠證明物理主義是錯的，它同樣能夠證明非物理主義也是錯的！如果世上有非物理現象，嘉嘉也一樣可以通過讀書來明白所有相關的非物理知識，但她依然不會因此明白臭豆腐的氣味。」

12

吃的反思

人到底是為吃而活，還是為了活着而吃？

進食只為生存這個想法，相信人們大都不會同意。如果吞藥丸足以維持生命，不用進食，難道我們願意從此告別美食？近年市面有營養液，標榜能夠提供人類所需的所有營養。有人真的一整個月飲用營養液而不吃其他東西，並把經歷寫成網誌。這些人的共通點，便是實驗完結後必定歡天喜地大吃一頓慶祝，然後讚嘆食物多麼美味。這種反應不難理解。工作繁忙時不用吃飯實在很方便，但完全不進食，雖然會有更多可用時間，卻失去了美食帶來的樂趣。

不過，享受美食是否很有價值？不少人對食物都無甚要求。維根斯坦是著名的哲學家。他在學生家中暫住時，對主人家說每餐吃相同的東西便可，吃什麼都沒所謂。國父孫中山先生曾經這樣形容自己：「我一生的嗜好，除了革命之外，只有好讀書。」辛亥革命前，孫中山曾經流放倫敦。據說那時生活拮据，有朋友送他一些錢，希望他可以吃得好一點。怎知他卻把錢都用來買書！

食物是身體的養份，書是精神食糧。在哲學史上，思考往往與身體對立。很多哲學家認為，追求真善美依賴高

尚的思考，肉體只是個負累。這種對立是否合理？進食除了為求生存和享樂，還有什麼價值？

哲學家談吃

先看中國的主流哲學傳統如何理解飲食的價值。孔子是儒家的代表，故鄉在山東曲阜。中國著名的官府菜「孔府菜」正是源於曲阜，是從孔子後人的家常菜和筵席菜發展出來的。據聞一頓孔府宴，如果用來接待皇帝和達官貴人，可以多達一百九十六道菜。孔子在《論語·鄉黨》有云「食不厭精、膾不厭細」，很多人因此認為孔子是位美食家，對飲食非常挑剔講究。胡適也說「這兩句話是聖人最近人情的話，全世界二千多年的哲人中，沒有第二人說過這些話」。[1]

不過，對於孔子這兩句話到底是什麼意思，有不同的說法。有解釋認為這是指祭祀的食物必須精細，以示敬虔。朱熹在《四書集注》的註解，也只是說「食精則能養人，膾麤則能害人。不厭，言以是為善，非謂必欲如是也。」換句話說，食物精細對身體有益，但並非必要。錢穆先生在《論語新解》中卻另有看法。根據《康熙字典》，「厭」通作饜，也可以解作飽足，所以「不厭」可以解作不飽食。錢穆認為，孔子是說不會因為食物精細而特別多吃。這與一般的理解可謂相反，但可能與孔子的一

---

1 胡頌平(2014)《胡適之先生晚年談話錄》中信出版社(頁49)。

哲食之道

貫立場更為吻合。無論如何，閱讀整段原文，或能較全面地了解孔子的飲食觀：

> 食不厭精，膾不厭細。食饐而餲，魚餒而肉敗，不食。色惡，不食。臭惡，不食。失飪，不食。不時，不食。割不正，不食。不得其醬，不食。肉雖多，不使勝食氣。惟酒無量，不及亂。沽酒市脯，不食。不撤薑食，不多食。祭於公，不宿肉。祭肉不出三日。出三日，不食之矣。食不語，寢不言。雖疏食、菜羹，瓜祭，必齊如也。

孔子對飲食並非沒有要求，但以上所講的主要是食物必須符合衛生，以及進食應該順應天時，份量和烹調方法要恰當。這些主張與追求美食的心態相距甚遠。在眾多弟子之中，孔子最欣賞顏回。孔子說顏回只喝水和吃粗飯，別人覺得難以忍受，顏回卻自得其樂。我們也可以參考孔子在《論語》的其他言論：

> 士志於道，而恥惡衣惡食者，未足與議也。（《里仁‧第九》）
> 飯疏食飲水，曲肱而枕之，樂亦在其中矣。不義而富且貴，於我如浮雲。（《述而‧第七》）
> 君子謀道不謀食。（《衛靈公‧第三十二》）
> 君子食無求飽，居無求安。（《學而‧第十四》）

吃的反思

飽食終日，無所用心，難矣哉。（《陽貨·第二十二》）

總括來說，孔子絕不介意飲食淡薄，因為君子追求的是更高的價值。說孔子是個美食家，似乎不太恰當。

墨子與孔子同期，同樣也不推崇美食。墨子一生刻苦，四出奔走，以濟世安民為己任。墨子認為進食要有節制：「量腹而食，度身而衣」（《墨子·魯問》）。進食的目的是為了健康和充飢：「其為食也，足以增氣充虛，彊體適腹而已矣」（《墨子·辭過》）。故此飲食不求極致口味，更不應以奇珍異獸為佳餚：「不極五味之調，芬香之和，不致遠國珍怪異物」（《墨子·節用中》）。墨子相信，一位君主如果飲食奢侈無度，會令大臣和富人爭相仿傚，結果可能是窮人挨餓，天下大亂。

至於道家，老子在《道德經》討論食物的篇幅不多，但他強調要「為無為，事無事，味無味」（第六十三章）。追求物質和感官的享受，只會令人心神不安：

五色令人目盲，五音令人耳聾，五味令人口爽，馳騁畋獵令人心發狂，難得之貨，令人行妨。（《道德經·第十二章》）

道家講求虛靜無為，同屬道家的莊子也說過，平常人愛好美食，會因為「口不得厚味」而不悅，但這樣卻是非

哲食之道

常愚蠢的(《莊子‧至樂》)。相反，得道的真人，「其食不甘」(《莊子‧大宗師》)。辟穀是道家的養生和修行方法；《莊子‧逍遙遊》更有所謂「神人」，雖然「不食五穀，吸風飲露」，卻能騰雲駕霧，遨遊四海。

至於佛教，當然也不會鼓勵追求美食。佛教認為生命的本質是痛苦的：我們渴求快樂，但無止境的慾望以及害怕失去快樂的恐懼，卻是煩惱和痛苦的根源。解脫的途徑，便是以慈悲為本，放棄慾望和貪念。就食物而言，根據《楞嚴經》，修行除了要茹素，更要斷除蔥蒜等五種辛菜，以免刺激情緒，從而影響心性。《阿育王經》有個故事，說有一位出家人因為貪食而未能得道。優波笈多尊者教導他把食物視作涕唾和嘔吐物，並為他說法。這位出家人竟然因此克服了貪食，修得阿羅漢果。

認為縱情飲食與追求人生意義相衝，並非東方哲學傳統之獨有主張。古希臘哲學對西方文化影響深遠，但大部分古希臘哲學家，都同意要克制口腹之慾。Diogenes Laërtius 是生活於三世紀的希臘歷史家，生平不詳。他所著的《名哲言行錄》記錄了多位哲學家的生活點滴，是很重要的參考資料，其中有關飲食習慣的描述也甚為有趣。例如以悖論聞名的芝諾(Zeno)，主糧是麵包和蜜糖。他最喜歡的食物，唯青色無花果而已。畢達歌拉斯(Pythagoras)是哲學家兼數學家，他發現了有關直角三角形的勾股定理(畢氏定理)。據說畢達歌拉斯是第一個提倡運動員應該吃肉的人，但他認為生活應該盡量簡樸，最好是吃素和飲水，

充其量只是偶然吃一點魚。比較奇怪的是畢達歌拉斯不吃豆，但為何如此學者則莫衷一是，其中一個講法是畢達歌拉斯認為豆裏藏有逝者的亡魂。

至於蘇格拉底，根據他的學生色諾芬（Xenophon）在《回憶蘇格拉底》（Memorabilia）的記錄，蘇格拉底生活簡樸而且非常節儉，絕不貪食。哲學家柏拉圖（Plato）也是蘇格拉底的學生。柏拉圖的《斐多篇》對話錄，記下了蘇格拉底臨終前和朋友的哲學討論。蘇格拉底認為，真正的哲學家不會理會飲食的樂趣，以及肉體的享受。這些快樂只會令靈魂眷戀肉身，不能到達永恆之地。

柏拉圖的想法與蘇格拉底很接近。柏拉圖在《迪美阿斯》（Timaeus）提出了一個現在看來很荒誕的生物學猜想。他認為人類的大腸長而捲曲，是為了阻止食物快速通過。否則的話，我們便會經常肚餓，忙於覓食，沒有時間追求哲學和藝術，對「人類最神聖的部分不聞不問」（73a）。柏拉圖相信，我們對美食的渴求，屬於身體的慾望，捆綁着我們的靈魂。要令靈魂恢復自由，惟有通過哲學思考。

伊壁鳩魯（Epicurus, 341–270 BCE）是柏拉圖死後另一位重要的古希臘哲學家，可惜他的著作大多已經失傳。根據後人記載，伊壁鳩魯學派在當時極具影響力，更難能可貴的是伊壁鳩魯有教無類。那個年代並非人人平等，但他的學院也願意收留女人、奴隸，以及社會上備受排斥的人。伊壁鳩魯教導人如何尋找快樂，擺脫人生的痛苦。他認為快樂是人生的終極目標，但快樂並非追求聲色犬馬，而是

　　　　　　　　　　　　　哲食之道

得到心靈的安靜（ataraxia），滿足於樸素的生活，享受哲學思考和討論，面對困苦依然能夠內心平安。很不幸，很多人誤解了伊壁鳩魯，以為他追求大千世界的各種享樂。他的哲學思想，也被後人稱為「快樂主義」或「享樂主義」。「享樂主義者」的英文翻譯是Epicurean，有很多飲食雜誌、餐廳、旅行社，甚至廚具公司也是以此命名！

放縱口腹之慾，在天主教和基督教傳統是犯了貪食罪（gluttony）。貪食是中世紀天主教神學中七種主要罪行（seven deadly sins）之一。意大利詩人但丁（1265–1321）在名著《神曲》中穿越地獄、煉獄和天堂，看到犯了罪的靈魂如何受到懲罰。犯貪食罪的人，被困在地獄的第三圈。他們要在惡臭的泥濘中痛苦翻爬，遭受冷雨和冰雹的煎熬。別忘了亞當和夏娃的原罪，也是因為偷吃蘋果，結果被逐出伊甸園。在舊約聖經，罪惡之城所多瑪（Sodom）的居民放縱情慾，他們飽足飲食但行善欠奉，結果被上帝以硫磺和火毀滅。《羅馬書》說：「神的國不在於吃喝」。對於貪吃的人，聖經的《箴言》有這樣的建議：「你若是貪食的就當拿刀放在喉嚨上。」

美食的價值

貪食是罪，但肚子餓也不好受。雖云君子謀道而不謀食，但沒有飯吃，那有力氣和精神去問道？佛祖釋迦牟尼為了解脫生死，最初修習苦行。他廢寢忘食六年之久，身體極度消瘦，但仍未能大徹大悟。佛祖最後決定放棄苦

行，接受牧牛女供養的乳糜，恢復了體力，後來才能於菩提樹下禪定四十九日而頓悟。

英國作家Virginia Woolf說過：「一個人如果沒有好好吃飯，就無法好好思考、好好地去愛、睡個好覺。」進食令身體健康，我們才可以追求各種有價值的東西。當然，這並不足以證明進食本身有價值，正如鈔票只是一張紙，沒有內在的價值（intrinsic value）。鈔票擁有的只是工具價值（instrumental value），可以幫助我們換取一些真正含有內在價值的東西。

進食是否和鈔票一樣，只有工具價值？這要看「進食」的意思。快樂有正面的內在價值，痛苦有負面的內在價值。如果「進食」包括溫飽的感覺以及享受美食這些屬於快樂的心理狀況，那麼進食不單有工具價值，也同時有正面的內在價值。這並不是說進食必然是件好事，因為有正面價值的行為也可以同時帶來更壞的負面後果，例如食物中毒。

很多哲學家相信進食雖然有內在價值，但價值卻很低。英國哲學家彌爾也有類似的看法。本書曾經討論過的效益主義和傷害原則，均是他提出的。根據彌爾的效益主義，道德對錯視乎我們的行為會帶來多少快樂和痛苦。不過，彌爾認為快樂有兩類。有些快樂來自高層次的心理活動，例如哲學討論和詩詞欣賞。這些快樂為人類所獨有，它們較為持久，價值也更高。反之，短暫的感官刺激，好像進食的快感，是與動物共通的快樂，價值較低。對彌爾

　　　　　　　　　　　哲食之道

來說，高層次的快樂永遠比低層次的快樂可取，所以他有一句名言：「做不滿足的人，勝過做一頭滿足的豬；做一個不滿足的蘇格拉底，勝過做一個滿足的傻瓜。」

我同意快樂的價值有高低之分，但人類的飲食行為和文化，有別於動物，並不限於滿足口腹之慾。本書的目的之一，便是為飲食的價值平反。本書提倡「哲食」，是希望指出，經過哲學反思的正確飲食生活是可以很有意義的。很多重要的內在價值，也能通過飲食行為體現。

首先，我們不應假設飲食只能牽涉低層次的心理活動。飲食行為也可以包括分析和理性思考等高階心理現象。例如品評食物有兩個主要途徑。有些人依賴直覺，判斷但憑整體主觀印象，不經深究。另一些人則會對色香味各元素及其配搭仔細品嚐推敲，透過比較和分析而得出結論，這便是高層次的心理活動了。小孩通常是直覺型，喜歡就喜歡，不喜歡就不喜歡，未必能夠解釋原因；食評家則是分析型。當然這是程度之分，因為分析也會依賴一些直接的感覺。

分析性的欣賞，對於設計和品評菜式非常重要。這種思考過程，需要相關的經驗和知識，以及細緻的鑑賞和分析能力。進一步來說，直覺和分析型的品評模式同樣可以應用於其他藝術範疇。普通人被一首樂曲打動，可能不知何解；懂音樂的，則有能力分析樂曲不同層次的變化，以及箇中的樂理規律，把樂曲的動人之處娓娓道來。欠缺分析能力，無論是廚藝還是演奏技巧都難以改進。

吃的反思

分析也並非只是提高鑑賞能力和技巧。我們去旅行品嚐各國美食，除了是享受，也是一個學習的過程。透過飲食，我們能夠加深對大自然和當地文化的認識，思考食物與道德、經濟之間的關係。哲學家貶低飲食行為，是忽略了飲食一樣可以融入有內在價值的認知活動。

　　另外，飲食行為也是維繫人際關係的重要一環。哲學家喜歡強調理性思考，但人類除了是會思考的動物之外，也是社群動物。我們年幼時要依賴別人才能生存，而良好的人際關係不但促進身心成長，也令我們的生命更豐盛和快樂。諺語有云：「人生得一知己，死而無憾。」互相利用的友誼，只有工具價值，但真摯的友誼，當不止如此。好朋友的快樂，會變成自己的快樂；朋友遇到的苦難，也是自己的苦難。

　　雙向的交流和共同參與的活動，例如社交飯局，是維繫人際關係的正常途徑。薩瓦蘭（Brillat-Savarin, 1755–1826）是法國美食家，對這個題目有一些有趣的見解。薩瓦蘭經歷了法國大革命，他本是一名律師，後來當了法官，但薩瓦蘭愛好美食，臨終前出版了《味覺生理學》（*Physiologie du Goût*）一書。這本書討論各種與飲食有關的生理、文化、歷史現象，內容包羅萬有，文筆風趣，可以說是西方飲食文學的經典之作。在法國，更有芝士和蛋糕以他命名。我也覺得薩瓦蘭芝士的味道不錯，質感幼滑，但要小心這種芝士的乳脂成份可以高達70％！

　　薩瓦蘭認為，飲食可以帶來兩種快樂：「進食的快

哲食之道

樂」和「餐桌的快樂」。進食的快樂來自解決飢餓。無論是人或其他動物，只要填飽肚子，便能感受到進食的快樂。餐桌的快樂卻複雜得多，為人類所獨有。這種快樂來自於維繫友誼和愛情，或其他社會關係。情侶約會，少不免共進浪漫晚餐。很多慶祝活動，例如生日會和婚禮，也會安排飲宴。餐桌的快樂，視乎菜式、場地、賓客的安排，以及聚會時的人際交流。這種快樂與充飢沒有必然關係。赴宴時縱使不餓，一樣可以共享快樂時光。西班牙文有sobremesa一字，是指飯後聊天的時間。食物雖然可能已經吃完，但這頓飯還沒有結束；飯後輕鬆愉快的交談，與進食的過程同樣重要。西班牙的食物當然十分美味，然而一旦欠缺了sobremesa，餐桌的快樂便大打折扣。

很多哲學家認為飲食無甚價值，但卻非常珍重友誼。蘇格拉底也說過，寧願要一個真正的朋友而不要黃金。[2] 餐桌的快樂，正是體現和增進友誼的一個主要途徑。有價值的情誼，並非只是建基於利害關係。餐桌上的快樂是透過飲食互相關懷和分享。當然，這種互動不限於飲食；運動、旅行甚至逛街也可以發揮同樣功能。我們不應該低估這些活動本身的價值。

哲學家與酒

餐桌的快樂，通常少不了酒。酒在人類文化中歷史悠久。考古學家發現，在九千年前的新石器時代，中國已經

2 見柏拉圖的《律斯》(*Lysis*) 對話錄。

有以米、蜜糖、生果釀製而成的發酵飲料。[3] 有生物學家甚至提出「醉猴理論」，認為人類進化的一個重要階段，便是我們的猿類祖先開始撿食從樹上掉落地面的水果。這些熟透的水果已開始發酵，能夠提供更多能量，猿猴也因此演化出分解酒精的基因。根據醉猴理論，猿猴從樹上爬下來撿食掉在遠處的水果，慢慢演變為在地面生活並且以雙腳行走，從而進化成今天的人類。提出這個理論的科學家Robert Dudley說，這個想法是他在巴拿馬非常寫意地看日落，喝着蘭姆酒加可口可樂時想出來的。一項有趣的相關觀察是，猴子和猩猩也擁有消化酒精的基因，但人猿（orangutan）卻沒有，而牠們的一大分別便是人猿主要在樹上生活。

酒精是否人類進化的關鍵，有待科學證實，但酒精的確能令人開懷和減少拘束，是人際關係的潤滑劑。有研究甚至指出，習慣一同飲酒的夫妻，比只有其中一方飲酒的夫婦，對婚姻的滿意程度較高，兩人之間也比較少批評和索求。[4] 當然，有關聯不等同有因果關係！

不過，飲酒可以亂性，令思緒混亂，宿醉的經歷也不太好受。有趣的是，愛思考的哲學家當中，能飲者似乎不少。古希臘哲學家喜歡於飲宴場合討論哲學，而慣常的安

3　McGovern, P. E., Zhang, J., Tang, J., Zhang, Z., Hall, G. R., Moreau, R. A., ... & Cheng, G. (2004). Fermented beverages of pre-and proto-historic China. *Proceedings of the National Academy of Sciences*, 101(51), 17593–17598.

4　Birditt, K. S., Polenick, C. A., & Antonucci, T. C. (2019). Drinking together: implications of drinking partners for negative marital quality. *Journal of Studies on Alcohol and Drugs*, 80(2), 167–176.

排通常是先吃飯，飯後才飲酒和進行哲學討論。帕拉圖的名著《會飲篇》，便是記錄蘇格拉底在飯局後，與朋友暢飲時的哲學討論。故事開始時其中一位主角提醒眾人不要飲酒過量，因為他們在前一天的派對已經喝了太多。不過他們還是不斷給蘇格拉底添酒，而且更有人說蘇格拉底千杯不醉。

酒量好的哲學家，不是只有蘇格拉底。《論語·鄉黨》說孔子吃肉「雖多」但不過量，「惟酒無量，不及亂。」記載孔子及其後人言行的《孔叢子》也談及孔子的酒量：「昔有遺諺：『堯舜千鍾，孔子百觚，子路嗑嗑，尚飲十榼。』古之賢聖無不能飲也。」[5]

酒與中國文人同樣結下不解之緣。書法家王羲之於蘭亭集會與兒子和友人飲酒賦詩，「微醉之中，振筆直遂」，寫下被譽為「天下第一行書」的《蘭亭集序》。根據唐代何延之的《蘭亭始末記》，王羲之醉醒後反複重寫，卻再也寫不出同樣好的字了。

不少詩詞歌賦也以酒為題。據統計，數萬首唐詩中有近八千首與酒有關，佔總數14%。李白自稱酒中仙，他的詩有17%與酒有關。李白在寫給妻子的詩《贈內》中說自己「三百六十日，日日醉如泥」。至於杜甫和白居易的詩，則大概有四分之一提及飲酒。不過陶淵明比他們更厲害：這位田園詩人流傳下來的詩大約有一百多首，談及飲

5　《孔叢子·儒服》。不過魏文《酒訓》卻有言：「子思有云，夫子之飲，不能一升。以此推之，千鍾百觚，皆為妄也。」

酒的佔了四成！[6] 其中的《飲酒二十首》，陶淵明直言是酒後而成。試想像如果沒有了酒，中國文學會失色多少！

飲酒可以激發創作靈感，那不難理解，因為酒精可以抑制大腦的執行功能（executive function），讓我們思緒遊移、解放情感和刺激聯想。當然，創意這個過程很多時候也需要深思熟慮，例如仔細分析一項建議的利弊。要提升這方面的思考能力，飲酒恐怕幫助不大。

酗酒並非好事，但完全不飲酒，也是失去了一些獨特而寶貴的經驗。飲酒不單能減壓忘憂，[7] 對我而言，幾分酒意能夠帶來一種深刻而豁達的情懷，是我非常珍惜的。這種微妙的感覺是一種醉與不醉之間的狀況，難以言喻，正如陶淵明在《飲酒》中寫：「此中有真意，欲辨已忘言」。不過，如果要嘗試形容這個心境，我會先把從清醒到昏醉這個過程分為五個階段：

- 暢 – 這是酒醉最輕微的狀況：心情舒暢，神智依然清醒，酒精的影響並不明顯。行為和反應沒有異常，只是說話可能多了，人也沒有那麼拘謹。
- 酣 – 開始清楚地察覺到酒精的影響，例如感到面紅耳熱，又或動作比較遲緩、反應不再靈敏。感到意識與現實之間好像有點距離。

6　見徐興海 (2010)《中國酒文化概論》中國輕工業出版社。蔣海 (2006)《酒的故事》山東畫報出版社。

7　《法律篇》是柏拉圖最後寫成的對話錄，其中一段說年輕人18歲前不應飲酒，40歲前飲酒要適可而止不宜飲醉；40歲往後則沒有限制，好讓酒精解開老人心中的酸楚。

哲食之道

- 迷 – 意識變得迷糊，精神散亂，步態不穩。語言和思考控制困難。
- 喪 – 酩酊大醉時容易胡言亂語，大笑大哭，行為瘋癲和失控。很多人到了這個階段都會發生「斷片」的情況，醒來完全忘記了喝醉時發生的事情。
- 寂 – 寂滅之境，是完全昏迷的狀況。有些人會直接從迷境進入寂境而不曾喪亂。這視乎飲醉時的環境，也與性情和修養有關。

我所説的微妙經驗，屬於酣而幾近迷之間的意識。當身邊的事物開始模糊，有時候會令人感到與現實抽離。不過，在這個境地可能反而更能清晰地透視世情，對大道有所體會，情感上對某些價值加深了認同。這個經驗相信不少飲酒的人都有共鳴。心理學家威廉·詹姆斯(William James)1902年出版了名著《宗教經驗之種種》，對哲學和信仰的討論深富影響力。詹姆斯在書中也説飲酒可以帶來神秘經驗，「令人暫時與真理融為一體」，讓我們在「玄虛和悲情的生命中意識到優秀的東西」。

北宋文學家蘇軾愛喝酒，但卻自認酒量很差。他在《和陶飲酒二十首》序中寫道：「吾飲酒至少，嘗以把盞為樂，往往頹然坐睡，人見其醉，而吾中瞭然，蓋莫能名其為醉其為醒也。」蘇軾在似醉還醒的狀況，仍然能夠瞭然於心，説不定正是詹姆斯所説的神秘經驗。當然，這個經驗是否真有所悟，抑或只是自我欺騙的錯覺，實在難以

定斷；酒醒以後，有幾多參悟可以留下，也就更難說了。
不過，蘇軾仕途雖然坎坷卻能泰然自若，我想與飲酒不無關
係。蘇軾的名作《定風波》，是他被貶黃州後的心情寫照：

> 莫聽穿林打葉聲，何妨吟嘯且徐行。竹杖芒鞋輕勝
> 馬，誰怕？一蓑煙雨任平生。
> 料峭春風吹酒醒，微冷，山頭斜照卻相迎。回首向來
> 蕭瑟處，歸去，也無風雨也無晴。

　　蘇軾酒醒後醉意開始消散，但卻留下了灑脫的情懷，
也許這正是那神秘經驗的痕跡？

正念飲食

　　雖然飲酒可能令人有所感悟，但酗酒卻有害無益。飲
酒能否自律，多少反映個人修養。培養正確的飲食習慣，
可以改善身心健康，甚至磨礪性情。近年流行的「正念
飲食」，目的也是一樣。正念(mindfulness)作為一套心靈
訓練，源於瑜伽和佛教的冥想。正念不一定要帶有宗教色
彩，沒有宗教信仰的人也可以嘗試。很多科學家也開始研
究正念對心理和生理的影響。

　　正念並非要求內心一片空白。依我理解，正念有兩部
分。第一是專注，仔細留意當下的狀況，改變散漫的意
識：走路時意識到自己是在走路，坐下時意識到自己是坐
着。《中庸》有曰：「人莫不飲食也，鮮能知味也」。很

多人習慣吃飯時玩手機，自己吃了什麼也不太清楚，也很容易不自覺地吃得太多。正念飲食，不能一心多用。吃飯時要放慢速度專心吃飯，細嚼慢嚥。除了能幫助消化，更能讓我們體會食物的真味。

正念的第二部分是一種比較抽離的態度，意思是把對事物的觀察與個人的主觀反應盡量區隔。雪糕的味道、質感與溫度屬於我們的觀察。至於我們是否喜歡這個雪糕，吃雪糕時有什麼情緒，則屬於主觀反應。正念講求專注當下的狀況，留意自己的觀察和反應，但留意過後卻是把心中的念頭放低，盡量不被它們牽動。這項訓練是學習如何避免當局者迷，任由心情干擾客觀的判斷，對處理壓力和保持心理健康應該有所幫助。通過正念飲食，我們可以滋養精神，暫且放下生活的重擔。

從心理學的角度來看，正念的關鍵在於自我調控（self-control）。自我調控對個人成長十分重要。有價值的技能必須經過長時間鍛鍊，過程中要用心反省和改進。自我調控能力較高的人，健康、事業和人際關係等各方面通常都比較成功。生活無處不修行，正念飲食可以說是訓練自我調控的入門班。

當然，極端的自我調控也會影響心理健康。過度的完美主義，容易引發負面情緒或導致內疚，也可能令人變得太過自我中心。有些人是操控狂，所有事情都要管，失望時便大發脾氣。自我調控，其實也需要恰當的調控。正念看來有很多好處，但正念的訓練很多時候包括冥想。有學

者認為冥想可能對少部分人產生負面效果，會擾亂情緒和思考，這個請大家注意。

自我調控如何為之恰當，那是因人而異，也視乎情況，很難說清楚。很多技能也是如此，要恰如其分，避免極端，這便是所謂「功夫」。例如焗蛋糕，溫度太高蛋糕會燒焦，溫度太低蛋糕又未能熟透。蒸水蛋要成功，水的份量不能太多也不能太少。根據哲學家亞里斯多德關於美德的「中道論」（doctrine of the mean），合乎道德的德行，其實也有相似之處：心理和行為必須拿捏得宜，均衡和合乎比例，不會過度激烈或有所欠缺。比如勇敢，當然不能膽小怕事，但魯莽而不顧安危，亦非勇者所為。亞里斯多德的中道論，與儒家的中庸之道十分接近。要注意的是，中道不等同庸碌或做事不認真；中庸也不是凡事妥協，沒有原則。奉守中道和中庸，與擇善固執沒有衝突。

《中庸》有「君子慎其獨」這個說法，大意是指君子在獨處時也能嚴守德行，不會因為無人監察便胡作非為。所以自我反省這個過程，旁人雖然可以提點和幫助，但也不能缺少與自己獨處的時間。耶穌在全面傳道之前，也曾獨自到曠野四十晝夜，飽受魔鬼的試探。孤獨可以測試我們的能耐，有很多人不願意一個人吃飯，便是害怕孤獨。當然，群體有群體的好處。英國詩人John Donne有云：「沒有人是荒島」，但深刻的獨處經驗，也是一種存在的浪漫。孤獨是一面鏡子；害怕孤獨，可以是害怕面對自己的不足。正念，其實也是學習如何與自己相處。哲學家維

根斯坦曾經建議一名學生別留在劍橋大學讀書，因為「劍橋這裏沒有氧氣給你。」學生反問維根斯坦何以留在劍橋，維根斯坦的答覆是：「我可以製造我自己的氧氣。」[8] 孤獨的困境，考驗我們能否製造自己的氧氣。懂得悠然面對此種境況，更能泰山崩於前而色不變。

正念可以從飲食開始，中道也可以。飲食習慣，反映我們為人處世的態度。懂得培育小孩的父母，必然會關注孩子的餐桌禮儀，因為這是基本的德行教育。當然，飲食的美德並非只限於要有禮貌。「朱門酒肉臭，路有凍死骨」是杜甫的名句。不幸杜甫所描繪的現象到今天尚未絕跡。酷愛奢華美食而漠視貧困疾苦，也是性格和德行的缺失。希臘神話有一個故事，講述大力神赫拉克勒斯遇到享樂女神和美德女神，要在兩者中作出選擇。我等凡夫俗子，不一定能夠放棄美食，但我們也應細想如何在飲食生活中實踐中道，不要只顧自己的快樂而忘記社會上的弱勢社群。進一步來說，德行並非只限於個人行為。社會是否公平公正，與政治體制的認受性不無關係。政治哲學家羅爾斯甚至認為：「正義是社會制度的首要德行」。

哲食之道

以上的討論，旨在說明傳統哲學忽略了飲食的價值。飲食不單是為了生存和享受。欣賞美食，可以涉及分析思考；共享美食，能促進友誼。改變飲食習慣，是體現正念

8　Monk, R. (1991). *Ludwig Wittgenstein: The Duty of Genius* (p. 6). Random House.

和中道的途徑；酩酊之餘，或能領悟大道。更重要的是，飲食與社會的關係密切。以飲食實踐理念，能夠改造世界，這是靜態思考所不能取代的。

鄂蘭（Hannah Arendt, 1906–1975）是一位很有深度的政治哲學家，尤其對極權主義有精闢的分析。不過，她曾經自稱是政治理論家，而不是哲學家，因為她認為傳統哲學過於理想主義。鄂蘭一生著作甚多，其中較為人所認識的是「平庸之惡」這個概念，大意是指邪惡的行為不一定源自歹毒的性格；平凡的人如果欠缺獨立思考，服膺權威，一樣可以做出傷天害理的事。當社會上很多人都失去批判思考的能力，不辨是非，混淆美麗與醜惡，災難便會發生。

「平庸之惡」這個理念，也可以應用於日常生活。我們的飲食模式，嚴重損害生態環境和動物福祉。我們的消費習慣，也反映了社會資源分配不公平的現象。如果我們對這些事情漠不關心，只是跟隨集體意識，鍾情於吃喝玩樂，那只會讓邪惡滋長，我們也不是無辜的。本書提倡的「哲食」，包括了對道德的反省，以及在日常飲食生活中實踐正確的價值觀。

鄂蘭在1958年出版的《人的境況》一書中提出了一個獨特的觀點。她說西方哲學自柏拉圖開始，過分強調「沉思的生活」（vita contemplativa），忽略了「行動的生活」（vita activa）。她認為哲學側重思考，貶低入世的行為，是抹煞了行動生活的獨特價值。

鄂蘭認為行動生活有不同層次。有些行為純粹為了延

哲食之道

續生命，有些行為則為了創造自然界以外的新事物。不過，行動生活最重要的，是人與人之間在公共和政治領域中的自由互動。這是人類獨有的自由，能讓我們表達自我，成為與別不同的個體。另一方面，因為我們能夠自由選擇，不受操控，人類的未來也就變得難以預測。

飲食通常是為了生存和享受，與自由和政治好像沒什關係。不過，我們的飲食模式以及糧食供應制度，與經濟和政治相互影響。我們可以不從政，不關心新聞，不參與政治集會，但卻不可以不吃飯。飲食其實是最貼身而且最不可避免的政治行為。我們每次的飲食消費都是在投票，在表達不同的價值，左右這個世界發展的方向。

我們的飲食習慣自小養成，耳濡目染，一切變得理所當然。有人只要求食物價廉物美；有人則認為吃鵝肝飲紅酒、出入三星餐廳，才算躋身人生勝利組。本書提倡「哲食」，目的是通過哲學思考，重新審視飲食行為背後的理據和代價。反省以後，我們可以運用寶貴的自由，選擇我們真正認同的價值。我們到底是阻礙社會進步的一夥，抑或是開創未來的先鋒，端在自身的一念之間。

對鄂蘭來說，我們的判斷只能夠通過公共領域的辯論和啟迪來印證。這個看法我十分贊同。反省不能只是依賴「沉思的生活」。「行動的生活」可以豐富我們的想像力和知識；互相批評和學習，能夠幫助我們作出更合理的判斷。

我認為「行動的生活」的另一層重要意義，便是用來檢測我們真正認同的價值。理念沒有在日常生活中實踐，

吃的反思

便只是空談。這個世界有太多人言行不一，「講一套，做一套」。哲學的學術圈子也是如此，我也不是例外。滿口飄逸的哲學家，內心可能充滿執著和包袱。奮筆疾書公義的，私人生活可以不仁不義。研究道德的哲學家通常比較關心動物權益，但有研究發現，道德哲學家選擇素食的比率，與普通人沒有太大差別。哲學家蘇格拉底令人敬佩的地方，正是他為了捍衛自己的信念而賠上性命。

當然，我們不一定要仿傚蘇格拉底。每個人的境況都不同，在崩壞和動亂的世代如何自處，是個難以解答的問題。不過，我們首先可以在思想上裝備好自己，加強獨立思考的能力，不被現實社會的種種荒誕行徑所迷惑。第二，我們要認識清楚自己的性情和價值觀，思考人生的意義。這樣可以幫助我們在困苦時安頓心情，重新確認前行的路向。第三，我們要尋找一個恰當的角色，嘗試在日常生活中實踐自己的信念，與志同道合的人互相扶持。

馬克思的墳墓位於英國倫敦北面的一個墓園，墓碑上刻有他的這一句話：

> 哲學家們只是用不同的方式詮釋世界，但關鍵卻是在於改變世界。

這句話，可以說是本書的主旨。「行動的生活」的獨特價值，在於改變世界。「沉思的生活」無論如何高貴脫俗，都只在腦海發生。本書提倡「哲食」，是希望大家

哲食之道

可以結合哲學反思和社會行動的力量，重建我們的飲食文化和制度。飲食只是一個切入點，幫助我們了解社會、環境、歷史以及政治的重要議題。慎思明辨的哲學思考，除了應用於飲食，也可以用來認識和評估生命中的各個範疇，從而改變自己，甚至整個世界。根本的社會變革，有如個人成長一樣，是個艱苦的過程，途中自有起伏。社會進步並非必然，但可幸的是，歷史上一直以來總有些人沒有完全放棄。千里之行，始於足下。改變世界，可以從哲食開始。

討論

1. 本章討論了一些飲食的價值。你認為還有什麼價值尚未提及？

2. 要嘗試正念飲食，其實不太困難。我們可以找時間獨個兒安靜地吃飯。記着要把手機關掉，然後放鬆心情，慢慢品嚐每一口飯的味道，避免思念四處遊走。正念飲食不一定是吃飯的時候才做。就算是吃個蘋果或喝茶也可以。大家不妨試試這個休息和減壓的方法。

3. 勇敢必須避免膽小和魯莽這兩個極端。德行除了勇敢之外，還有什麼其他例子？它們是否也處於兩個極端之間？

4. 很多人認為快樂是唯一有內在價值的東西，其他東西是因為能夠促進快樂才有（工具）價值。不過，美國哲學家Robert Nozick反對這個觀點。他說假設有一部

「經驗機器」，能讓我們生活在虛擬世界。我們在虛擬世界生活愉快，好像充滿成就，但其實這些經歷都是假的，我們實際上什麼也沒有做過。Nozick認為，我們不會選擇在這部機器內生活。你是否同意這個看法？這個例子能否證明「行動的生活」擁有獨立的內在價值？

5. 讀畢本書後，大家有沒有想過在飲食生活上可以作出什麼改變？

哲食之道